あの戦争になぜ負けたのか

半藤一利・保阪正康・中西輝政
戸高一成・福田和也・加藤陽子

文春新書
510

あの戦争になぜ負けたのか ◉ 目次

第一部

座談会 あの戦争になぜ負けたのか

半藤一利　保阪正康　中西輝政
戸高一成　福田和也　加藤陽子

第二部　あの戦争に思うこと

第一部・初出　『文藝春秋』二〇〇五年十一月号

第一部

座談会 あの戦争になぜ負けたのか

半藤一利（作家）
保阪正康（ノンフィクション作家）
中西輝政（京都大学教授）
戸高一成（呉市海事歴史科学館館長）
福田和也（文芸評論家・慶應義塾大学教授）
加藤陽子（東京大学助教授）

太平洋の主な戦場

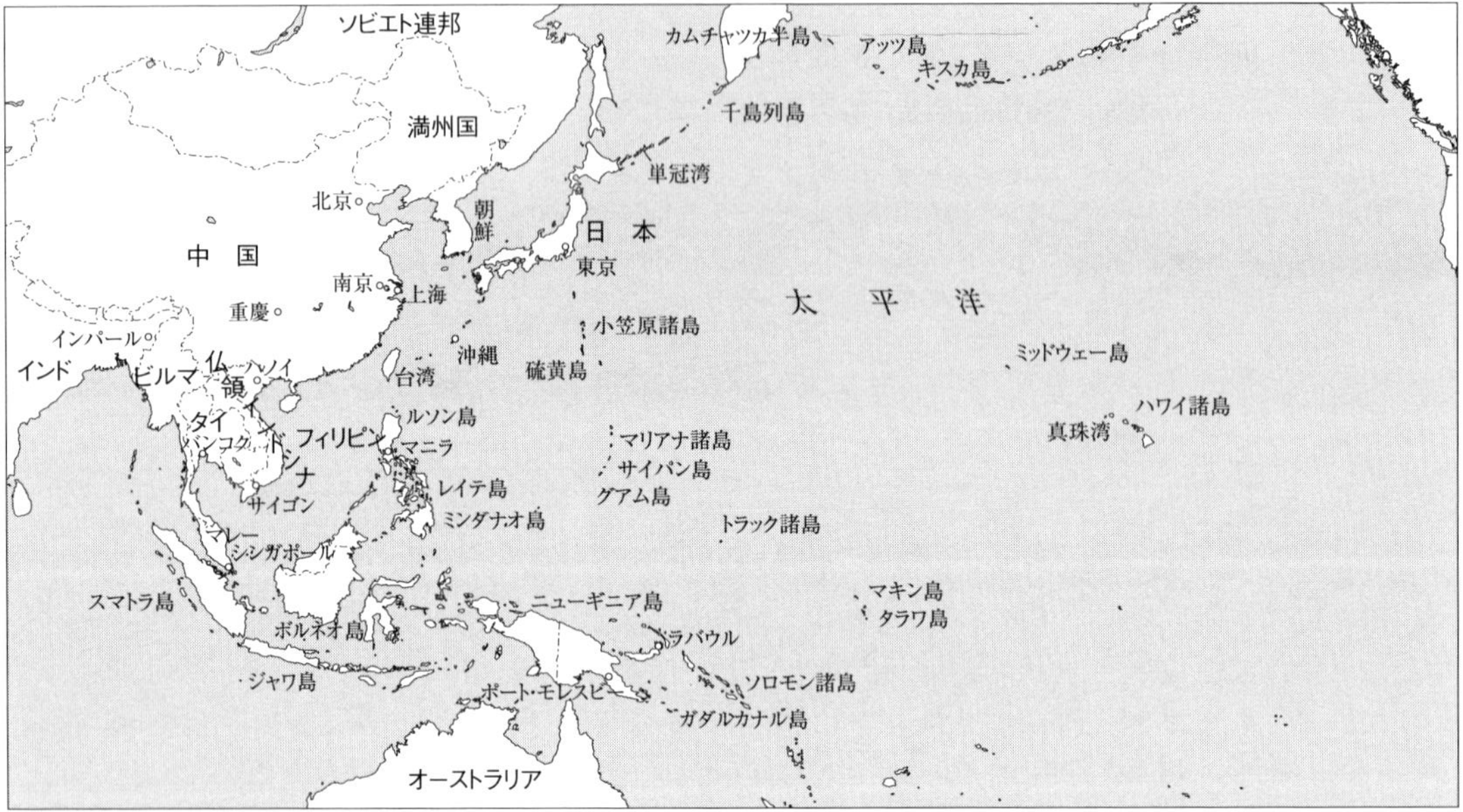

ソビエト連邦
満州国
北京
朝鮮
中国
南京
上海
重慶
インパール
インド
ビルマ
仏領インドシナ
ハノイ
タイ
バンコク
サイゴン
マレー
シンガポール
スマトラ島
ボルネオ島
ジャワ島
フィリピン
台湾
沖縄
ルソン島
マニラ
レイテ島
ミンダナオ島
日本
東京
小笠原諸島
硫黄島
カムチャツカ半島
千島列島
単冠湾
アッツ島
キスカ島
太平洋
ミッドウェー島
ハワイ諸島
真珠湾
マリアナ諸島
サイパン島
グアム島
トラック諸島
マキン島
タラワ島
ニューギニア島
ラバウル
ソロモン諸島
ガダルカナル島
ポート・モレスビー
オーストラリア

I 対米戦争の目的は何だったのか

昭和十六（一九四一）年十二月八日、日本は米英両国に宣戦を布告した。中国との間では長年にわたって勝算のない戦いが続いていたが、日本はそれは「事変」であり、「戦争」ではないと主張していたため、このときも中国への宣戦布告はなかった。同日、天皇は「宣戦の詔書」や「陸海軍に賜りたる勅語」で、「帝国の自存自衛と東亜永遠の平和確立」が対米英戦争の目的であり、日本はその達成のため、やむをえず戦うのだと述べた。

今も昔も戦争は「正義」と「正義」との衝突である。戦争当事国はそれぞれの「正義」を掲げ、「理はわれにあり」と主張する。日本と米国など連合国もそのようにして戦った。しかし、約三年九カ月におよぶ戦いが日本の惨敗で終わったため、日本の「正義」は勝者である連合国（その中には中国も含まれていた）によって一方的に断罪された。日本人自身が、自分たちの国が掲げた「正義」が正しかったかどうかを検証する機会は、ついになかった。そして、日本が何のために戦ったのかは、日本人の間でもいつしか忘れられていった。

日本はなぜ米英などを相手に戦ったのか。そして、日本の政治・軍事の指導者たちは、その目的を達成すべく全力を尽くしたのか。敗れた戦争であり、国の内外で実に多くの人命を犠牲にした戦争だったからこそ、この問いに真摯に向き合うことからすべてが始まる。

章扉写真＝戦艦「山城」撮影／眞継不二夫

保阪　戦後六十年の月日が流れ、この間さまざまな形で「あの戦争とは何だったのか」「なぜ負ける戦争をしたのか」といった問いが繰り返されてきました。しかし、それらの問いに対して私たち日本人は、未だにきちんとした答えを出せていないように思うのです。

そこで今回はこの六人のメンバーで、改めて「あの戦争」にまつわる疑問を徹底的に討議することになりました。

まず議論の入り口として、対米戦争の目的とは一体何だったのか、どれほど勝算があったのか、という問いから始めましょうか。

半藤　対米英戦争、太平洋戦争に関する限り、私は目的は一言で言ってしまえば、「自存自衛」だと思っています。侵略戦争ではない、防衛戦争だ、ということです。昭和十六年の十二月八日に布告された開戦の詔書にも「帝国は今や自存自衛の為、蹶然《けつぜん》起つて一切の障礙《しょうがい》を破砕するの外なきなり」とあります。

少なくとも当事者たちの主観としては、アメリカによって脅かされた自国の独立を守るため、ということで開戦に至った。

保阪　開戦時の国策に関する腹案を起案した陸軍省軍務局の高級課員である石井秋穂氏*

も「我々は自存自衛しか考えていなかった」と証言しています。石井は開戦に至るまでのさまざまな政策案を東條の命令によって起案しつづけますが、自存自衛のための大東亜建設といった考えはあったにせよ、戦争目的は自存自衛しかなく、開戦の詔書の原案にもこれしか書いていないと言っています。東亜の解放など、開戦前の指導者は考えていなかったというわけです。

加藤 確かに海軍にとっては「自存自衛」という側面が一貫して強かったといえます。昭和十六年七月、日本が南部仏印*（フランス領インドシナ）へ進駐するとアメリカは「日本の在米資産凍結」「石油対日輸出全面禁止」といった、金融・資源的な側面で、当時日本側の予想していたものよりもずっと強硬な対日制裁を発動しました。

海軍省は全面禁輸の直後、液体燃料の需給を検討しましたが、その結論は、十月のうちに南方作戦を開始しなければ、戦争二年目の末期に燃料に不安が生ずるというものでした。アメリカとの国交調整が不可能であれば、むしろ早期に打って出る方が有利だとの考え方です。

福田 二十世紀の大きな流れの中で対米戦争を捉える必要があると思います。昭和初頭の世界経済は、十九世紀以来ずっとイギリスが主導してきたグローバルな自由貿易体制が第一次世界大戦によって機能しなくなり、各国が、自国の経済圏を守ろうとするブロック経済にむかっていました。昭和六年の満州事変は、こうした状況下でイギリスやフランスのような植民地をもたない日本が生き抜くためのひとつの方策でした。南満州鉄道*を機軸として満州に各種産業を興し満州国を整備することが、昭和不況の克服へとダイレクトにつながったのです。

ところがそこから先の日本は、蔣介石政権下の中国の、国家的、社会的充実を低く見積もってしまったこともあって、昭和十二年の盧溝橋事件*を機に北支へ進出して、泥沼の対

石井秋穂（明治三十三〜平成八）第一六師団参謀、支那駐屯軍参謀などを経て昭和十四年八月に陸軍省軍務局高級課員。その後、南方軍参謀などを務めた。陸軍大佐。

仏印　十九世紀後半にフランスが植民地とした現在のベトナム、カンボジア、ラオスをさす。

南満州鉄道　普通、「満鉄」といわれる国策会社。大連・長春間の鉄道や炭鉱などを経営し、日本の大陸政策の拠点となった巨大企業。

盧溝橋事件　昭和十二年七月七日夜、北京郊外の盧溝橋で演習中の日本軍がどこからか発砲を受けた。日本軍は付近にいた中国国民党軍に攻撃を加え、いったんは停戦協定が成立したが、陸軍強硬派はこれを好機として同月末、総攻撃を開始、ここに日中間に本格的な戦争が始まった。最初の発砲は中国共産党がおこなったとの説もある。

中戦争へと進んでしまいます。この支那事変を収拾するための最後の手段として浮上した選択肢の一つが対米開戦だった、と考えるべきでしょう。東條英機が、戦後、東京裁判で主張した「自存自衛」という戦争目的はそういうことで、つまりは、日中で、経済圏を作るためには、英米を討たねばならない。

加藤　確かに、陸軍や開戦直前までの首相だった近衛文麿の周辺には、海軍とは別の考え方の流れがあったように思います。近衛のブレインであった昭和研究会*の中心的メンバーである尾崎秀実*や蠟山政道*は、日中戦争を「中国の民族主義（ナショナリズム）と、中国民族主義を利用しこれと提携した西欧帝国主義の二つを日本の軍事力で倒すため」の戦いだととらえていました。世界経済が拡大し、経済的にも国際協調がうまくいっていた一九二〇年代であれば、中国が欧米に追随し、ナショナリズムを呼号する意味がありました。ところが、三〇年代・四〇年代に世界経済が縮小していく中での中国の欧米追随は、東アジアを救済する原理にはなれない――。こういう考えのもと、武力で中国国民政府の対日政策を改めさせようというのが彼らの発想でした。

実際、中支那派遣軍も、昭和十四年一月の段階で「今次事変（支那事変）は戦争に非ずして報償なり。報償の為の軍事行動は国際慣例の認むるところにして」という言葉で表現しています。「報償」とは、相手が悪いことをしたことへの「報い」という意味です。当時の日本は一国を相手に戦争を遂行していながら、それを戦争でないといいはっている。

しかしその考えが、アメリカの意思を最終的に見誤る原因になってしまいます。昭和十六年九月六日の「帝国国策遂行要領*」の別紙に記された対米交渉の要求事項などを見ますと、日本側は英米が華北における日本軍の駐兵を認めるはずだと考えていたようですね。

半藤　あの戦争の随所で日本は「希望的観測」に頼って失敗しました。アメリカの出方を見誤ったのもその一つです。この前の総選挙で、「まさか小泉さんは解散しないだろう」

昭和研究会　昭和十一年ごろ、近衛文麿の側近、後藤隆之助が設立した国策研究団体。蠟山政道、佐々弘雄、後藤文夫、尾崎秀実らの革新的な学者、官僚などがメンバーだった。
尾崎秀実（明治三十四〜昭和十九）朝日新聞記者を経て第一次近衛内閣嘱託、満鉄嘱託、「支那研究室」主宰。昭和十六年十月、ゾルゲ事件に連座し検挙、死刑に処せられる。
蠟山政道（明治二十八〜昭和五十五）昭和研究会の創設当時からの中心メンバー。昭和十四年四月、東大法学部教授の職を「平賀粛学」に抗議し辞任。十七年四月、総選挙に大政翼賛会の推薦をうけ立候補し当選。戦後はお茶の水女子大学学長、東京都教育委員長などを務める。
帝国国策遂行要領　御前会議で決定し、十月十八日の東條内閣成立後の大本営政府連絡会議で追認された。これにより、日本は対米英開戦を実質的に決意した。

と考えていた造反議員たちと共通する甘さかもしれない。

「勝算」なき対米開戦

福田　このとき陸海軍で戦争目的はすりあわされていたのでしょうか。

加藤　「自存自衛」と「大東亜新秩序建設」の間を迷走していますね。十一月五日の御前会議決定に基づき、陸軍部隊に南方要域の攻略準備を命じた「大陸命*」には、「自存自衛」と「大東亜新秩序建設」と書かれていましたが、海軍部隊に対する命令「大海令*」には、「自存自衛」だけが書かれていました。開戦までに陸海軍間で一本化されることはなかったことがわかります。

戸髙　戦争というものは他国を攻めるか、自国を守るかのどちらかです。日米戦争の場合は後者、つまり自存自衛だったと思います。ただ昭和十六年十二月の開戦時の状況が、その自存自衛の戦争を始めるにはたして最適だったのか、といえば疑問が残ります。陸軍にも海軍にも、万全の自信というものは本来なかった。それこそ毎年毎年積み上げてきた国防計画が、自国の経済状況を日に日に追い込んでいく中で、引っ込みがつかなくなって対米開戦を決意した、ともいえます。
　ところが真珠湾攻撃からしばらく、海軍で予想外の勝利が続きます。開戦当初の損害予想を遥かに下回る被害で済んでしまった。そのため、以降の作戦が実に安易な方向へと流れていきます。戦争の「勝算」といったものを、真剣に考えて動いていたとはどうも思えませんね。

中西　大戦略として開戦当時、日本の戦争指導者たちの描いた「絵」は、ヨーロッパにおいてドイツがイギリスを屈伏させ、独ソ戦においてソ連が早期に崩壊する、という状況を前提としていました。そうなれば、アメリカは戦争を継続する意思を徐々になくしていくだろう、いずれは講和による限定的勝利が得られるかもしれない。これが対米開戦時において、最もありえる「日本勝利」のシナリオだったと思われます。つまり、多分にドイツの勝算に乗っているところがあった。

大陸命　参謀総長が指揮官たちに伝える天皇の命令を「大陸命」第○号と称した。
大海令　軍令部総長が指揮官たちに伝える天皇の命令を「大海令」第○号と称した。

半藤　日本の指導部も開戦直前、昭和十六年十一月十五日の大本営政府連絡会議*で「いかに戦争を終結するか」について議論しています。しかしそこでは①初期作戦が成功し、自給の道を確保し長期戦の目処が立ったとき　②蔣介石*が屈服したとき　③独ソ戦がドイツの勝利で終わったとき　④ドイツのイギリス上陸が成功してイギリスが和を乞うたとき、の四つが挙げられている。四つのうち半分は「ドイツが勝てば」という「他力本願」でしかなかったんです。

福田　これはイギリスの歴史家であるA・J・P・テイラーなども書いていますが、アメリカがいかに強大な生産力・軍事力を持っていたとしても、ヨーロッパと太平洋という二正面作戦に耐えうるのか、という点について、イギリス側もかなり憂慮していたようです。イギリス本島が陥落しないとしても、ヨーロッパ戦線が膠着していれば、アメリカは主戦場であるヨーロッパにより多くの戦力を割くだろう、よって太平洋方面への戦力が低下せざるをえない。そうなれば、アメリカがある程度受忍できる条件での休戦なり講和が見えてくる――。こういった考え方も成り立ったのでしょう。しかし、その予想をはるかに超える生産力、軍事力をアメリカは持っていたんですね。

保阪　半藤さんの言われた「対米英蘭蔣戦争終末促進ニ関スル腹案」を起草したのは、

さきほどの石井秋穂氏と、海軍省軍務局高級課員の藤井茂氏＊でした。両氏の話では、東條首相に急かされて草案を提出したものの、当時（昭和十六年十一月）の国際情勢を見てドイツが勝つといっても、さらに日本の軍事力によって蔣介石とイギリスが屈服するといっても、「あまりにも不確定要素がありすぎるな」と、自問自答していたそうです。実際に願望ばかりなんです。ところが大本営政府連絡会議ではほとんどそのまま認められたので、内心驚いたという。佐官クラスの将校がいわば片手間にまとめた案で、戦争が遂行されてしまったのです。こうした杜撰さがあの戦争が進むにつれ、ほころびを見せてきます。

大本営政府連絡会議　昭和十二年十一月、政府と陸海軍統帥部との調整を図るために設けられた。正式な官制にもとづくものではなかったが、重要な国策を協議、決定した。初期の参加者は参謀総長、軍令部総長、陸・海軍大臣と関係閣僚だけだったが、対米開戦が近くなると、首相、外相らも常時出席するようになった。
蔣介石（一八八七〜一九七五）一九二八年十月、中国国民党政府主席。盧溝橋事件以降、共産党などと協力しながら、対日戦を本格化させる。日本敗北後、共産党により台湾に追われる。
藤井茂（明治三十三〜昭和三十一）第二艦隊参謀、砲艦「伏見」艦長、米国駐在武官などを経て昭和十五年十一月、海軍省軍務局局員。その後、連合艦隊参謀などを務めた。海軍大佐。

2 ヒトラーとの同盟は昭和史の謎

ヒトラーの『わが闘争』は戦前の日本でも大いに読まれた。しかし、原書のある部分が日本語訳では削られていることを、ほとんどの日本人は知らなかった。その部分とはヒトラーが「黄禍」を語り、日本民族に対する差別意識をむき出しにしたところである。

もっとも、ヒトラーがアーリア民族至上主義者である以上、日本がドイツと対等の同盟者だと考えていないことは自明のことであった。彼は「余は連中のいうことはすべて信用していない。連中の言葉はうそで固められている」と述べているが、この「連中」とは日本人を指している。

日本の指導者の中にも、ヒトラーの本音に気づいているものはいた。対米英開戦を決定した昭和十六年十一月五日の御前会議で、枢密院議長の原嘉道は、「日本人を二流人種と思っているヒトラーが、勝手に英米と和平を結んでしまうのでは」と発言したが、この懸念は天皇のものであったのかもしれない。しかし、日本はナチス・ドイツと手を切ることなく、対米英戦に突入する。そして、昭和十七年二月十五日、日本陸軍は英軍のシンガポール要塞を陥落させるが、このことを知ったヒトラーは、たまたまやって来たルーマニアの元首アントネスクに、「喜ぶと同時に悲しむべき報告を受けた」と語ったという。

章扉写真＝昭和十五年日独伊三国条約成立の頃

半藤　昭和十五年九月二十七日、日本はドイツ・イタリアとの三国同盟*を締結します。これはあの戦争を考える上で、決定的な分岐点とも言えます。アメリカとの勝算なき戦争が避けられなくなる愚かな同盟を結んだものですが、そこにいたる経緯は、どう考えても「昭和史の謎」というべき要素が多い。この謎を解くことは、当時の日本が置かれた国際情勢を読み解いていくことにもなります。

なぜこのとき日本は、ナチス・ドイツとがっちり手を組んだのか。先ほど「ドイツの勝算に乗ったから」と中西さんの話がありましたが、どうも、合理的判断だけではない気がするんですが。

中西　一九四〇（昭和十五）年は、日本だけでなく全世界がいわば「世界史の分岐点」に立っていましたから、国際情勢を表面だけ撫でてゆけば、「三国同盟やむなし」と見えたのです。

三国同盟　ベルリンのヒトラー総統官邸で日本の来栖駐独大使ら日独伊の代表が調印して成立。これで日本と米英仏などの軍事的対立は決定的になった。

まず、支那事変の開始いらい三年、陸軍は汪兆銘工作*によって蔣介石政権の分断に乗り出すものの、そんなことでは解決の見込みがつかない。そこで当初は、昭和十四年九月にはじまった欧州大戦を「支那事変処理」、つまり中国の泥沼から足を抜く一大チャンスととらえていたわけです。

そこへ、昭和十五年五月十日、欧州戦線でヒトラー率いるナチス・ドイツ軍が「西部大攻勢」に乗り出した。ロンメルらの戦車部隊が、独仏国境の要塞「マジノ線」を迂回し、アルデンヌの森を突破し、鮮やかな電撃戦で英仏連合軍を壊滅させ、二週間あまりでダンケルクの港まで追い詰めます。オランダ、ベルギーは相次いで降伏し、作戦開始わずか四週間にして、六月十四日にはパリを無血占領してしまう。百六十五個師団を動かし、戦車二千五百両、飛行機三千機という従来の戦闘のスケールをはるかにこえたドイツの戦いぶりの印象があまりに鮮烈で、日本のエリートたちはこれに大きく幻惑され「これで世界史が変わる。ドイツの勝ち馬に乗ろう」という意識を抱いたんです。

しかしわずか三カ月後、九月十五日にはドイツ空軍はロンドン上空で叩きのめされます。この「バトル・オブ・ブリテン」といわれる英国本土防衛戦のころ、日本はすでに三国同盟締結を決定してしまいました。つまり日本は、短期的な戦況を、「長期的な世界情勢である」と勘違いしたんですね。

保阪　当時、日本の軍部は、支那事変が長引いているのは、イギリスとアメリカが、蔣介石政権を軍事物資で支援するためにビルマから中国南部へ通じる「援蔣ルート*」を作っていたせいだと説明していました。いつまでも蔣介石がギブアップしないのは、自分たちが弱いせいじゃない、米英が悪いんだ、と矛先を向けた。そのため、日本の世論には急速に反英米感情が根付き、欧州でイギリスと戦っているドイツと組むべし、「バスに乗り遅れるな」というお題目があちこちで唱えられるようになった。ほんとうは、バスを見送る勇気があればよかったと思います。

福田　バスを見送ってポツンと田舎のバス停に一人ぽっちで立ちつづけていられる力が、

汪兆銘工作　昭和十三年夏から日本政府と反共派の中国国民党副総裁・汪兆銘の間におこなわれた和平工作。蔣介石ら国民党主流は同意せず、汪が日本の傀儡政権（南京政府）を立てるに終わった。汪は十九年十一月、名古屋で病死した。

援蔣ルート　日中戦争の間、連合国は仏印、ビルマなどから陸路、空路で中国に大量の援助物資を送っていた。その輸送ルートを援蔣（介石）ルートと総称した。

日本にはもうなくなっていたんでしょうね。

たとえばこの年、石油確保のためにオランダ領インドシナと経済交渉を始めます。この日蘭交渉を挫折させなければよかったという説がありますが、結局ドイツがオランダを占領しているわけですから、どうしても交渉の有力要因としてドイツが登場する。すべては後知恵にすぎないのかもしれません。日本は手詰まり状況で、日米開戦にむすびつくと分かっていながらも、ドイツと手を組まざるを得なかった。

中西　三国同盟を結んでも日米開戦は避けられたという人もありますが、それはアングロサクソン民族の強烈な戦略性を理解していない意見ですね。日本は「飛んで火にいる夏の虫」だったわけで、イギリスを助けるため対独戦に何とかして参戦しようとしていたルーズベルト大統領は、これで日本をして対米開戦させることにし、以後日本は米英から意図的に追い詰められていきます。

近年、ロバート・スティネットが『真珠湾の真実』で明らかにしましたが、アメリカには「マッカラム文書」というものが存在した。

アメリカ海軍情報部の極東課長アーサー・マッカラム少佐は、三国同盟からわずか二週間たらずで、「これからは日本を挑発して戦争に導くべきだ」として、のちのＡＢＣＤ対日包囲網*や石油禁輸につながる八項目のシナリオを提出しています。現在見つかっている「マッカラム文書」にはルーズベルト大統領が承認したという署名まではありませんが、少なくとも上の意向を具体化した文書であり、以後アメリカが国策的に日本を挑発していったのは間違いない。

イギリス外務省の情報通も、三国同盟のニュースを聞いて大喜びし、「日本のおかげで、太平洋からアメリカが参戦してくる可能性が出てきた」というとらえ方をしています。

ドイツが日本と組んだ理由

保阪　この昭和十五年は、皇紀二六〇〇年にあたり、秋には宮城前で五万人を集めた大セレモニーが開かれます。また、近衛首相が「大政翼賛会*」を結成する。日本が〝神がか

ＡＢＣＤ対日包囲網　Ａはアメリカ、Ｂはブリテン（イギリス）、Ｃはチャイナ（中国）、Ｄはダッチ（オランダ）を意味する。

大政翼賛会　昭和十五年十月に設立。政治結社なのか国民運動のための機関なのか、当初から性格があいまいだった。昭和二十年六月、解散。

り〟になり、「変調」が誰の目にも明らかになった年でしょう。三国同盟がいくらやむを得なくても、やはり通常の判断ではないと思いますね。ヒトラーの戦略に組みこまれただけです。当初は海軍内部には反対論が根強かったわけですし。

半藤　たしかにこの前年には、三国同盟締結をめぐって五相会議を七十回以上くりかえし、米内光政・山本五十六・井上成美ら海軍の米英協調トリオ*が大反対してつぶれた。それなのに昭和十五年に、海軍もあっさり賛成にまわります。

加藤　ドイツの電撃戦によって敗北した西欧諸国が東南アジアに持っていた植民地をドイツがどうするのか、といった危機感が、まずは日本をドイツに接近させたのだと思います。ドイツもそれに対して、これら植民地の権利を放棄する声明を発していますね。問題は、イギリスへの和平提案を行っていたヒトラーが当初は、軍事同盟に熱心な日本側に冷淡であったことです。よく知られたように、七月十九日、ヒトラーは国会でイギリスに和平を提唱しますが、二十二日に拒否されています。その結果もあり、日本に対する態度を留保していたベルリンが、対日交渉に熱心になるのは、八月十三日です。

中西　当初、三国同盟は危ないぞ、話に乗らないほうがいいぞという意識は、日本側にも抜きがたくありました。同盟締結直前の九月七日に、ドイツ外相リッベントロップの特使シュターマーが来日して、松岡洋右*外相と会談し、消極派の要人のあいだを駆けずり回って強力に働きかけ話をまとめたのです。逆にいえば、そこまで強烈な対日工作をしないと日本は踏み切れなかったともいえます。

福田　『昭和天皇独白録*』にも「もし『スターマー』が来なかったら日独同盟はもっと締結の時期を遅らせ得たと思う」と書いてありますね。

昭和天皇は三国同盟にかなり難色を示していて、昭和十四年ごろには、秩父宮が週三回くらい来て同盟締結を勧めるので、喧嘩して突っぱねてしまった、と告白している。いよいよ同盟を締結するときにも「決して満足して賛成した訳ではない」といってますし、松

海軍の米英協調トリオ　海相、海軍次官などとして対米戦争にも消極的だったため、陸軍強硬派や右翼勢力の攻撃の的となる。

松岡洋右（明治十三〜昭和二十一）明治三十四年、米国オレゴン州立大学卒、外交官となる。駐米大使館一等書記官などを務めたのち退官。満鉄副社長、代議士を経て、国際連盟日本脱退時の総会に日本政府代表として出席。昭和十五年七月、第二次近衛内閣外相となり、日独伊三国同盟、日ソ中立条約締結を推進。戦後、A級戦犯となり、巣鴨プリズン収監中に病死。

昭和天皇独白録　昭和天皇の死後、天皇が敗戦直後に側近たちに語った回想が、御用掛だった寺崎英成のメモの形で発見された。『昭和天皇独白録』として文藝春秋から刊行。

岡外相はアメリカは参戦しないと奏上したけれど、天皇は半信半疑でしたし、独ソ関係についてももっと慎重に確かめたほうがいいと、時の首相近衛文麿に注意をしている。そうとう冷静に国際情勢を見通していますね。

半藤　昭和天皇は、「ドイツやイタリアのごとき国家と、このような緊密な同盟を結ばねばならぬことで、この国の前途はやはり心配である。私の代はよろしいが、私の子孫の代が思いやられる。本当に大丈夫なのか」と近衛に念を押しているほどです。

福田　ドイツの場合、中欧からウクライナあたりを押さえて、東方生存圏をつくるという戦争目的がはっきりあった。これは、第一次世界大戦よりもはるかに限定的な、現実的な目的設定でした。それにくらべると、日本はふわふわした希望的観測の積み重ねで、明確な戦略目標がない。支那事変にけりをつけるなんて、戦争目的とはとても呼べないでしょう。

戸髙　三国同盟を結べば日米開戦になる可能性が高いのに、アメリカと戦う軍備も資源もないままなんですから、国家戦略なんてないに等しいです。

だいたいアメリカから石油を輸入している日本がアメリカと戦争しようという発想自体が非合理ですよ。

福田　ドイツも、すぐには、東西両戦線の二正面作戦に陥るとまでは考えず、西部戦線の短期決戦で終結できると信じていた側面がある。ダンケルクのときに、ドイツ国防軍の幹部たちは戦勝パーティに着る服の相談なんかしてますから、徹底して合理的に判断しているとは言いがたいですが。

中西　ドイツには、イギリスを背後から、つまりアジアで攻撃するのに日本を使う、という目的があったわけです。それからもうひとつ、ドイツには常に、「日本を使ってソ連を挟み撃ちにする」という大戦略がありました。自分たちが西から攻めるから、東からアジアが攻めてほしい。いかにもドイツ人らしい機械的合理主義で、そのパートナーが日本であろうが、中国であろうが、構わないんです。このときは日本の方が強かったからで、ドイツにとってそれ以外に日本の価値はなかったわけです。

福田　ドイツは、自国がロシアとフランス、イギリスに挟まれているせいか、第一次大戦のときのシュリーフェンプラン*など、攻めるときも二方面から戦う戦略ばかりですよね。

シュリーフェンプラン　ドイツのシュリーフェン参謀総長が立てたフランス攻略などの戦略。第一次大戦初め、モルトケ（小モルトケ）参謀総長のもとで実施され失敗した。

半藤　そうそう。挟み将棋好きだね。

保阪　結局、当時の国際情勢は、破竹の勢いのナチス・ドイツが軍事的にイニシアティブを握っていて、世界じゅうが軍事、政治の両面で振り回されたのは仕方ないのかな。

中西　いや、本当のイニシアティブは、未だ参戦せぬアメリカにあったでしょう。いわば動かないことで、世界を動かしていた。

一九四〇年は、アメリカ大統領選挙の年でもあります。世論調査では八〜九割が「孤立主義」、ヨーロッパに参戦すべきでないという意見が圧倒的ですから、ルーズベルトがどう動くのか、ヒトラーもスターリンもチャーチルも固唾をのんで見守っていた。ルーズベルトは大統領選を気にしながらも、何としてもイギリスを壊滅させてはならじと、眦《まなじり》を決して秘密支援に乗り出す。国際法を厳密に解釈すれば、この一九四〇年の秋にアメリカは実質的に第二次大戦に参戦したともいえます。

世界中が、次にアメリカは極東で一手を打つはずだ、となんとなく判ってるんですね。中東や北アフリカではヨーロッパの国々が戦っているから、あとは残された地域に、大国アメリカが出てくるしかない。

一方で、ソ連は図体ばかり大きくて、軍需品の生産能力も経済力も、アメリカとはまったく比べ物にならない。なぜ日本がソ連を三国同盟に引き込んだら勝てると思い込んだのか、全く不合理な発想だったと思います。

「日独伊ソ四国協定」の幻

半藤　昭和十五年の秋、三国同盟を結ぶかどうか揉めているとき、松岡外相は、いずれはソ連を引き込んで「日独伊ソ」の四国協定にもっていく、そうすれば英米と対等にやりあえると主張しますね。三国同盟に反対であった海軍も、この話にはグラグラッと揺れる。現在の視点から見ると、対決必至のドイツとソ連を引き込んで四国協定なんて成立するわけないし、正気の沙汰とは思えません。このアイデアは、ドイツのリッベントロップ外相から吹き込まれたといいますが、どこまで本気だったんでしょうか。

加藤　ヒトラーが対ソ戦を考えたのは、イギリスが屈服しない理由を、大陸に残されたソ連と裏で手を握り合っているからだと考えたわけですね。事実、イギリスはクリップス卿をモスクワに派遣しています。すると四国同盟構想というのは、松岡や日本陸軍が、ヒトラーとある意味で同じ意図を別の方法で試みたのではないか。ソ連をイギリスから離したいと考えるのも理解できるのではないでしょうか。つまり、イギリスを屈服させるために、ソ連を三国の側に近づけるというわけです。

福田　前年の昭和十四年に、独ソ不可侵条約*が結ばれて、日本を含め世界中が驚倒しました。スターリンは、来るべきドイツとの戦争をとにかく先に延ばしたいだけで、そのために国家社会主義のナチス・ドイツと手を結んで、全世界の共産主義者を裏切った。松岡はこの独ソ不可侵条約の印象に引きずられたんじゃないでしょうか。その結果、四国協定はできるという夢を信じてしまった。そんな構想に飛びつくしかないほど、支那事変の泥沼で行き詰っていたともいえますが。

中西　現実には、ドイツは一九四〇（昭和十五）年の秋に、モロトフ外相がベルリンに来た時点で、ソ連と手を切るという方針を固めていますからね。翌一九四一年三月には、すでに独ソ戦は目前だという情報が世界に飛び交っていた。これは諜報レベルの話ではなくて、ごく普通の、英字新聞が読めれば誰でもわかったはずなんです。

ところが、三国同盟成って大喜びの松岡外相は、四一年三月から訪欧し、ベルリンでヒトラーに会い、モスクワではスターリンと膝を交え、まだ「日独伊ソ」四国協定の構想を話している。こうなると、もはや完全に頭がおかしくなっていたとしか思えません。

加藤 松岡の四国同盟構想と、ドイツの対ソ侵攻作戦構想が矛盾なく両立していたのは何故かというと、ヒトラーの基本計画に、日本との作戦面での協力が含まれていなかったからではないでしょうか。ヒトラーは「独ソ間に戦争が起きた場合、日本の参戦は不要である。むしろ、最善の援助は日本のシンガポール攻撃である」と述べていたようですね。日独の協力が当面、シンガポール方面とされたことで、松岡にとってみれば、独ソ間を日本がとりもつ余地があると思ったのでしょうか。

半藤 しかも四月十三日には、松岡はスターリンと、日ソ中立条約*を電撃的に調印します。日本に対してソ連が友好的な態度を示すなんて、日清・日露戦争の昔からありえないことなんだから、裏にスターリンの策謀があると思うのが普通ですよね。つまり、もうすぐドイツが攻めてくるのがわかっているから、背後から日本にやられないように、中立を

独ソ不可侵条約 昭和十四年八月二十三日、モスクワで独ソ両国が締結した。驚愕した平沼騏一郎首相は辞職。ドイツが突如、ソ連を攻撃したのは十六年六月二十二日だった。

日ソ中立条約 昭和十六年四月十三日、モスクワで締結。二十年四月五日、ソ連は条約の不延長を通告、八月八日、日本に宣戦布告し、中国東北部などの日本軍に攻撃を始めた。

守らせようと思ったんじゃないか。

加藤 でも、六月二十二日にドイツが「バルバロッサ作戦*」でソ連侵攻に大成功すると、スターリンは大ショックを受けて、二週間くらい行方をくらませますよ。つまり、ソビエトもドイツ侵攻を本気で捉えていなかったふしがある。

ソビエトが判断を迷った一つの要因はヒトラーとリッベントロップ外相との間の意見不一致にあったかもしれません。ドイツは六月初め、ソ連攻撃について日本の指導部に知らせ、日本の参戦は日本にまかせるとは述べますが、リッベントロップなどは、より積極的に日本陸軍とのソ連挟撃作戦を提案しています。

福田 なぜだかスターリンは、ヒトラーを信用していたみたいですね。ソビエト諜報機関のリーダーだったクリヴィツキーが、スターリンは、ヒトラーを政権獲得前から評価していて、独裁者となってからは心酔していたと記しています。赤軍粛清なんて、まるっきりヒトラーの真似でしょう。ヒトラーの歓心を買い、ナチスと提携し、独ソ不可侵条約を結んでからは、自国軍に対してヒトラーを挑発するあらゆる動きを禁止します。それが「バルバロッサ作戦」の大敗北につながり、パニックを起こしてしまう。この辺のスターリンの心理の綾は、人物像を考えるうえでは面白いけれど。

分析力なき日本

保阪　ヒトラーがソ連に入ったときに、スターリンは混乱状態になったのは事実です。それにしてもスパイのゾルゲ*が、バルバロッサ作戦の開始日まで事前に報告していたのに、スターリンは「デマだ」と断言して信じなかったといいますね。ただしこの話にははっきりした根拠はありませんが。

福田　スターリンもひそかにソ連軍を前線に動かしていた、というヴェルナー・マーザ

バルバロッサ作戦　一九四一年六月二十二日未明に始まったナチス・ドイツのソ連奇襲作戦の暗号名。三百五十万人の将兵、戦車三千六百八十両、戦闘機二千七百七十機などが動員された。
リヒアルト・ゾルゲ（一八九五〜一九四四）ドイツ共産党員。コミンテルンのスパイとして中国で諜報活動をおこなった後、昭和八年、ドイツの『フランクフルター・ツァイトゥンク』特派員として来日、ドイツ大使館や尾崎秀実らの近衛文麿側近グループに食い込んでモスクワに重要情報を流し続ける。十六年十月に検挙され、十九年十一月、死刑。

るようですが。
ー＊らの研究が出てきましたから、ドイツがやらなくても、ソ連から攻め込んだ可能性もあ

中西　ええ、マーザーの『独ソ開戦』を読む限りでは、必ずしも奇説とはいえませんね。

半藤　いずれにせよ、四国協定なんて考えは、スターリンにはなかったはずです。

中西　だから、ゾルゲは逮捕された後、四国協定構想について馬鹿にした供述をしています。日本では「日独伊ソ」の協定などという構想を偉い人が真面目に議論しているが、ソビエトではそんな話は毛頭ない。信じるほうがどうかしていると、少々からかいも込めて、検事の取調べに応じています。

ゾルゲが逮捕されたのは昭和十六年の秋ですから、独ソ開戦の直後ですね。開戦にあわてふためいた日本政府の愚かな見通しをあざ笑っているかのようです。

福田　結局、一連の過程であらわになったのは日本の情報力というより分析力の欠如ですね。素直に見れば見えているはずのものを、希望的観測に基づいて「見えない」と思ってしまう。

半藤　平沼騏一郎＊内閣は、昭和十四年の独ソ不可侵条約に仰天して「欧州の天地は複雑怪奇なる新情勢を生じ」と退陣しますが、まあ複雑だけど、怪奇ではないですよね。国内

でも、見える人には見えている。宇垣一成*のように、独ソ不可侵条約の時にも「霞ヶ関（外務省）や三宅坂（参謀本部）は青天の霹靂だったようだが、何も驚くに値せぬ、来るべきものが当然に到来しただけだ」と日記に書いている人もいますから。

中西　私は、「四国協定」という幻想は、ドイツの対日世論工作で植えつけられたと思いますよ。

ヴェルナー・マーザー（一九二二〜）ドイツ近現代史研究家。元マルティン・ルター大学教授。ヒトラー研究で世界的に知られる。邦訳著書に『政治家としてのヒトラー』などがある。

平沼騏一郎（慶応三〜昭和二十七）検事総長、大審院長、第二次山本内閣司法相、枢密院議長などを経て、昭和十四年一月、首相。戦後、A級戦犯となり、東京裁判で終身禁固。男爵。

宇垣一成（明治一〜昭和三十一）陸軍省、参謀本部の要職、第一〇師団長などを歴任後、清浦、加藤高明、若槻、浜口の四内閣で陸相を務め、陸軍の人員整理、軍備の近代化に辣腕をふるった。一方、昭和六年三月の陸軍中堅幹部などによるクーデター未遂事件（三月事件）の黒幕とされ、朝鮮総督退任直後の昭和十二年一月に天皇から組閣の大命を下されたにもかかわらず、陸軍内部の反対派の妨害で首相就任を断念させられた。その後、第一次近衛内閣の外相兼拓務相となり、戦後は参院議員も務めた。陸軍大将。

半藤　やっぱりそうなんでしょうね。なにしろ昭和十五年の秋になって、三国同盟が決まらないときに、急浮上してくるんですからね。

中西　ドイツは、四国協定構想を日本に植えつければ、安心して三国同盟に乗ってくるぞ、と考えたんでしょう。だから、実はすでにソ連を攻めると決断していたにもかかわらず、日本側から「日独伊ソ」同盟の話が出ても一切否定しない。日本人が間違ったイメージを抱いているなら、それを利用してやれという思惑があったように思いますね。駐ドイツ日本大使の大島浩にも、まったく否定していません。

当時のドイツの対日工作の深さには、驚くべきものがあります。『昭和天皇独白録』で、「松岡は（昭和十六年）二月の末に独乙《ドイツ》に向い四月に帰って来たが、それからは別人の様に非常な独逸びいきになった、恐らくは『ヒトラー』に買収でもされたのではないかと思われる」という一節がありますね。「買収された」とは松岡の変節ぶりをたとえたものかもしれませんが、必ずしもレトリックと言いきれない。

ゾルゲ事件について、戦後、GHQ特にG2（参謀第二部）のウィロビー*らが、徹底的に調査します。当時国民党が支配していた上海にも調査団を送った。おそらく、ゾルゲはアメリカの情報源でもあったからではないか、と思います。

保阪　上海時代のゾルゲについては、その説を具体的に指摘する国民党の人たちもいますね。私は直接聞いたことがありますが……。

半藤　ほう。すると、スターリンのソ連側との二重スパイですか。

中西　ドイツ側にも日本の情報を与えていた三重スパイの可能性がありますね。イギリスの研究者によると、ゾルゲがドイツ大使館にあれほど食い込めたのは、日本政府の極秘情報をドイツに持ってくるからだと指摘しています。野坂参三＊もそうですが、一九三〇年代から大戦にいたるまでは、忠誠心のありかが全く不明なスパイが暗躍した時代ですから、珍しくはありませんが。アメリカがゾルゲ事件を戦後あれほど追及したのは、ソ連情報をとりたいのと同時に、ドイツやソ連がどこまで連合国の情報網に食い込んでいたかを検証

チャールズ・ウィロビー（一八九二〜一九七二）マッカーサー元帥の腹心。連合国軍最高司令部（GHQ）保守派の中心、反共主義者として大きな力をもつ。陸軍少将。

野坂参三（明治二十五〜平成五）昭和三年、共産党員として検挙、保釈中にモスクワへ密航し、コミンテルン執行委員会幹部会員となる。戦後、帰国。参議院議員、日本共産党中央委員会議長、名誉議長となるが、スパイだったとされ、平成四年十二月、党を除名される。

したかったからではないかと思います。他方、ドイツの対日情報力、宣伝工作力も大変なものがあった。

加藤　ドイツが日本側に強く接近する一つの要因は、ソ連に対する日独の情報交換と謀略を図りたかったことにあったようです。昭和十三年十月七日に、対ソ情報交換及び謀略に関する日独両国軍部のとりきめが正式に調印されています。ドイツ国防軍最高司令官カイテルと大島浩の間で調印された軍事協定は、日独がソ連軍及びソ連邦に対する防衛工作を協力して行うことを定めていましたね。

場当たり的だった対米戦略

保阪　明治の中期、たとえば一九〇二（明治三十五）年の日英同盟*を結んだ頃のほうが、まだしも国家戦略があったように思うんです。一か八かの戦争をするにしても、難しい状況の中で、何とか事前に政治的な「勝利」のかたちを想定していたからこそ、日露戦争という、常識では考えられない大国を相手に戦ってとにかく勝ちを収めた。それが、なぜ次第に場当たり的になっていくんでしょう。

中西　ひとことでいえば、アメリカが世界史のなかで浮上してきたためだと思います。日本は、アメリカとどういう関係を結ぶのか、終始揺れて答えを出せなかった。大正期はまだ、幣原外交*のように単純に対米協調していれば大丈夫と思っていた。ところが昭和に入って満州問題、中国問題が起きてくると、アメリカも大陸利権を狙っていますから対米協調だけでは対応のしようがない。かといって対米戦争をスパッと覚悟もできないから、ますます曖昧に、場当たり的になるんです。

戸髙　さらに海軍軍縮問題の影響もあります。一九二二（大正十一）年に、ワシントン軍縮条約*が調印される。米・英・日の主力艦隊の比率が、五・五・三となりますが、実は

日英同盟　明治三十五年一月から大正十二年八月まで日本と英国は軍事的同盟条約をむすんでいた。日本の第一次世界大戦参戦はこの条約にしたがっておこなわれた。
幣原外交　幣原喜重郎（明治五～昭和二十六）が大正後期から昭和初期にかけて外相として推進した欧米・中国との協調を柱とする外交政策。軍部対外強硬派の批判を浴びた。
ワシントン軍縮条約　大正十年から十一年にかけてワシントンでおこなわれた会議で締結された。調印したのは日米英仏伊五カ国。

日本の海軍でも、このくらいの軍事的バランスでちょうどいいと思っていた人も多いんです。ところが日米関係が問題になってくると、「日本はアメリカの世界戦略にアゴで使われているだけだ」という不満が増えてくる。そこへもってきて、一九三〇（昭和五）年にはロンドン海軍軍縮条約*で、また日本はばっさり減らされて、アメリカのやり方は、もう許せない、という感情的対立になってくる。そこには別に大戦略なんてないんですよね。

私から見れば、ワシントン軍縮もロンドン軍縮も、日本は小さな妥協で、アメリカ海軍から大きな妥協を勝ち取ったのだと思っていますが。

中西　このロンドン軍縮会議で、東郷平八郎元帥*が怒ります。欧米の流儀に従い夫人を伴っていた財部彪《たからべたけし》海相・全権代表に「軍縮交渉は戦場なんだ。カカアを戦場へ連れてゆくとは何事か」と。あれは軍人のエートスとして、つねに対米戦争を想定し、不利な軍縮要求を跳ね返さなければならないのに、たるんどる、という意味なんでしょうね。

加藤　東郷は、中国を念頭においていて、「日本の武力が畏敬すべきものでなくなったら、東洋の平和はたちまち乱れる」といって軍縮に反対していますね。日本海軍にとって複雑だったのは、対米問題だけを考えていればよかったわけではなかったことです。中国問題が国際問題となり、中国がそれを自国で処理できず日英米三国をまきこむので、ここに危険があると、東郷は加藤寛治*軍令部長に話していますね。

戸高　海軍の現場にとっては、アメリカとの戦力格差は圧倒的なんです。合理的に考えたらかなうわけないのに、なおかつ対米戦への準備を具体的に進めろといわれる。海軍の終身現役である東郷さんとしては、怒るでしょうね。問題設定が間違っているのに、合理的な解決が出てくるわけがない。これが、第二次大戦の海軍にずっと響いてきます。

半藤　だからといって、ドイツ海軍と一緒になればアメリカに対抗できるなんて思った日本海軍が、愚かなんです。

ロンドン海軍軍縮条約　昭和五年一月からロンドンでおこなわれた会議で締結。調印したのはワシントン条約と同じ五カ国。締結に反対の海軍「艦隊派」は政府は統帥権を干犯したと主張し、政党も巻き込んだ大騒動に発展した。

東郷平八郎（弘化四〜昭和九）連合艦隊司令長官として日本海海戦でロシア・バルチック艦隊を撃滅し国民的英雄となる。晩年まで海軍内部で大きな影響力をもち、加藤寛治大将を中心とする「艦隊派」の後ろ盾となった。侯爵、元帥、海軍大将。

加藤寛治（明治三〜昭和十四）横須賀鎮守府司令長官、連合艦隊司令長官などを経て昭和四年一月、海軍軍令部長。「艦隊派」の頭領としてロンドン海軍軍縮条約による戦備制限に反対し、統帥権干犯阻止を唱えて政府や「条約派」と激しく対立した。海軍大将。

中西　日本同様、それまで対米戦争を考えていたイギリスは、一九一〇年ごろになるとアメリカのものすごい興隆を見て、はっきりと「対米戦争絶対不可」を国策とします。そうなると、日英同盟はもういずれ廃棄するしかなかったわけですよ。多くのイギリス人の親日派もそうですが、アメリカ通の学者で外交官のジェームス・ブライスなどは、日本人と見れば誰にでも「きみたちの国策で一番大事なのは、アメリカとは戦争しないと決めることだ」と説いてまわる。日米戦争があるかもしれない状況で、日英同盟なんか組んでいられないよ、と暗に日本に警告していたわけですね。「第一次大戦が終わったらすぐに日英同盟は破棄する」という流れを、イギリス独特のやり方で伝えていたともいえます。つまり日本は「アメリカとは絶対戦争しない」という、きっぱりとした国策の決断が求められていたわけです。もしそうしないなら、日本はもっとはっきりと対米戦の準備と覚悟をしておくべきだった。

戸髙　アメリカの側も事情は同じで、米海軍大学校長だったマハン*は露骨に「日英同盟はとんでもない話だ」と書いています。日米が対決した時、英国は日本に付くのか、と。英米日の艦隊比率五・五・三が、五・八になってしまうから、アメリカは嫌がるんですね。日米開戦を決意するでもなく、絶対しないと国策で決定するでもない、その曖昧さが日本海軍を苦しめていきます。

保阪　ところで、三国同盟当時の一般的日本人は、ナチス・ドイツに対してどういう感情を抱いていたんでしょうか。僕は昭和十四年生まれなので、さすがに物心はついていないんだけど。

戦後、ＧＨＱ占領下で米国務省編纂『大戦の秘録』（読売新聞社）という本が出て、アメリカが戦時中に押収した、ドイツとソ連の外交上の文書を暴露しました。三国同盟を結ぶ前に、ドイツはソ連に対して、「三国同盟はイギリスとアメリカを黙らせるためだから、あなた方は心配しなくていいよ」と裏でこっそり伝えてもいる。実はヒトラーとムッソリーニの間で交わされた電文を見ても、松岡外相をバカにした表現も見え隠れしています。なかなか興味のある本です。

ＧＨＱは「日本人よ、三国同盟は騙されていたんだよ」と幻想を打ち破る意図があって、この本を出させたんでしょう。でも実際のところ、日本人が心から三国同盟に共感を持っ

アルフレッド・マハン（一八四〇〜一九一四）米国海軍の戦略家。『海上権力史論』などを著し、「シーパワー」という概念を提唱した。

ていたのか、僕は疑問です。笹川良一*のようにムッソリーニに心酔して黒シャツ隊の服装を真似たような人は、珍しいんじゃないかな。

中西　笹川氏はムッソリーニに直接会ってますから。そういう人は少数派でしょうね。ヒトラーと会談した「東方会」*の中野正剛*も、ナチスばりの制服を着ていた。右手をあげるナチス式敬礼をされると、周囲の人々は困惑したようです。

福田　近衛文麿も、仮装パーティでヒトラーに扮装して、西園寺公望から叱られている。大政翼賛会にしても、近衛のヒトラー心酔はかなりのものですね。貴族中の貴族が、なんであそこまで惚れるのか。イギリス王室のナチびいきも有名ですが、ちょっとわかりにくい。

中国を支援していたドイツ

加藤　今日の出席者では、三国同盟当時のナマの記憶をお持ちなのは、半藤さんでしょうか。

半藤　僕は小学生でしたけれど、ドイツはすごい国だなあと素朴に思わされましたよ。

だってドイツのグラフ雑誌は写真満載で、立派な兵器がドカドカ載っているんだもの。ところがあれは、ドイツの派手な宣伝工作だったんですね。ドイツ大使館は、日本にシンパをつくろうとして工作に励んでいた。逆に反独的な記事が出ると、オットー駐日大使が外務省に抗議にいったりして。

中西　ええ、昭和十三年から日本の世論操作を急に活発化させていますね。ドイツ外務省、ナチス系の工作機関、それから国防軍までかかわって、三系統で強力な対日工作活動を進めてゆく。

私は今もって不思議なんですが、当時、ドイツは日本に仲良くしようと擦り寄ってくる一方で、支那事変では、中国国民党に強力な軍事顧問団を派遣していましたよね。マック

笹川良一（明治三十二〜平成七）国粋主義運動に加わる一方、海軍に接近し莫大な利権を得る。A級戦犯容疑者となるが釈放。戦後は競艇事業で活躍し、日本船舶振興会を設立。
東方会　昭和十一年五月に中野正剛が結成した国粋主義的政治団体。後には反東條の動きを強めた。
中野正剛（明治十九〜昭和十八）朝日新聞記者などを経て代議士となる。反東條運動をおこなった嫌疑で検挙され、憲兵隊での取調べ後、自決。

ス・バウアーから始まり、フォン・ゼークト、ファルケンハウゼンという凄腕が引き継いだドイツ軍顧問団*のせいで、日本は上海戦線*などでは四万人というたいへんな死傷者を出して痛めつけられます。なのに、なぜ日本人は、「ドイツ憎し」と思わなかったのか。

戸髙　戦略面だけでなく、武器輸出でも中国国民党をずい分と強力に支援していますね。日本が支那軍から分捕った兵器の写真を見ると、拳銃から戦車まで、ほとんどすべてドイツ製なんです。軍隊も産業界もあげて中国を応援しているドイツを、当時の日本人がどう感じていたのか、ほんとに不思議ですよね。先ほどの福田さんのお話のように、だれにでも見えるはずの事がらが見えなくなっている。この、現実を見たくない、見ない、という体質が後の太平洋戦争を悲劇的なものにしてゆくのです。

半藤　上海事変なんて、ドイツの最新兵器でボロボロにやられてますよ。

保阪　一九九二年でしたか、台北で蒋介石の次男の蒋緯国氏*に取材したとき、面白いことを言っていました。当時、彼は台湾の三軍大学の学長でした。若いころドイツの陸軍大学に留学していたのですが、三国同盟締結直前に「これから中国に支援できないから帰国せよ」と言われたそうです。それで蒋介石の命令でアメリカに行き、アメリカの陸軍大学などで学びます。しかし、戦術・戦略や武器の扱い方はドイツですべて徹底的に教えられたそうです。蔣緯国は「昭和十六年十二月八日に、山東省で私と戦った日本軍の連隊長の名前が知りたい。私がドイツで学んだ戦術と五分五分だったから、あの連隊長もドイツ留学経験があるんじゃないか」としきりに感心してきた。それくらい、中国国民党とドイツの距離は近かったんだなあと改めて知りましたね。

中西　日本が希望をつないでいたトラウトマン和平工作にも、奇妙なところがあります。トラウトマンはドイツの駐中国大使で、南京にいたシーメンス社のラーベ*ら、言い方は悪いですが「ドイツ系支那浪人」みたいな勢力とも通じているし、以前から国民党と外交ル

ドイツ軍顧問団　昭和十二年当時、ドイツ国防軍は中国国民党軍に百人程度の軍事顧問を送り、日本軍との戦闘の指揮もとらせていた。
上海戦線　昭和十二年七月の盧溝橋事件から始まった日中間の戦いは、同年八月、上海に拡がった。
蔣緯国　蔣介石の側近だった戴季陶が日本亡命中に日本女性との間に生した子で、のちに蔣が養子にしたといわれる。
ジョン・ラーベ　シーメンス社の中国支社長で、国民党軍への武器売り込みにもかかわったといわれる。南京虐殺事件のときは南京にいた。

ートとは別に特務系統の地下ルートも持っていたようです。それらを通じて例の日支間の和平工作を試みるんですが、駐日ドイツ大使のディルクセンと較べると、どこか奇妙にへっぴり腰なんです。

この点についてクレープスというドイツの学者の最近の研究などを見ると、どうも、ドイツ国内のナチス体制派と、反ナチスの旧エスタブリッシュメントとの対立が、そのまま極東に持ち込まれていたようですね。反ヒトラーという目的をもつドイツ国防軍派が中国に肩入れしており、それに気づいたヒトラーが、昭和十三年ごろから軍事顧問団を引き上げさせる。トラウトマン工作が打ち切りになるのも、昭和十三年一月です。

保阪　日本は中国から回答が返ってこないからイライラして、近衛内閣が「これ以降、蔣介石を対手《あいて》にせず」と交渉の窓口を閉じてしまう。昭和十三年一月ですね。トラウトマン工作は失敗に終わったわけですが、実は驚くべき*裏話があります。九二年ごろ、私は国民党の指導者のひとり、陳立夫氏に台北で何度か取材したのですが、トラウトマン工作について質問すると、「あれは、失敗したことになっています」と妙なことを言うんです。

半藤　陳立夫というと、泣く子も黙る特務機関CC団を率いていた、陳兄弟の弟のほうですね。

保阪　ええ、陳果夫*の弟です。この兄弟の伯父が陳其美です。彼は昭和十三年ごろは、国民党の政治部長・組織部長として蔣介石の右腕でした。トラウトマンが和平条件を伝えるために接触してきたとき、陳氏は蔣介石と相談して、ある壮大なプランを伝えます。「日本と中国は偽装的に戦闘を続けておいて、ある日突然中止し、共同作戦でソ連に攻め込もう。同時に、ドイツがイギリス攻撃を開始すればいい」という提案です。現在の世界共通の敵は白と赤である、つまりイギリスの白色帝国主義と、ソ連の社会主義帝国主義、この両者を倒すためにならどんな敵とでも連携できる、と申し入れたというんです。

トラウトマンはさすがに驚いたものの、すごいアイデアだといって、リッベントロップ外相に相談した。ヒトラーにも提案があがったようだけれど、すぐ却下されて、トラウトマンは工作失敗後、呼び返されているんですね。これも、ヒトラーが、トラウトマンと国民党との関係がおかしいと思ったからじゃないですか。

陳立夫（一八九九〜二〇〇一）晩年まで国民党内で重きを成し、長寿でも知られた。
陳果夫（一八九二〜一九五一）陳家は浙江財閥の中核をなす一族の一つ。

半藤　その裏交渉は、いつごろの話なんですか。

保阪　一九三七（昭和十二）年十二月から翌年一月にかけてと言ってましたから、まさに和平工作決裂の寸前です。陳立夫は、「この裏交渉は文書として東ドイツの歴史文書館のような所に残っているよ」と言って、その控えを見せてくれました。ドイツ語の文書でしたが、たしかにトラウトマンはリッベントロップに報告しています。

加藤　国民政府の軍事委員会の議事録が台湾ですべて活字になっておりまして、トラウトマン工作時の中国国民政府の内部の対応が今ではわかります。

うかがっていて面白いと思ったのは、ソ連の軍事援助と国民政府の関係です。蔣介石の国民政府は、一九三七〜三八年にかけて、ソ連の援助があったこともあって抗戦が続けられた側面もありました。よって松岡外相が日ソ中立条約を結んだ時、国民政府としては、かなり衝撃を受けていますね。昭和十六年四月十三日に調印された日ソ中立条約の声明書では、日本がモンゴル人民共和国の領土保全と、不可侵を尊重すれば、ソ連もまた「満州帝国」の領土保全を尊重すると謳われていました。こうしたソ連の行為は、三七年八月に中ソ間に成立していた中ソ不可侵条約の第二条と極秘口上書を裏切るものでした。

中西　ただ、三九年ごろには国共関係が崩壊していて、蔣介石国民党軍が中国共産党の八路軍や新四軍＊を襲ったりする。でも最近出たユン・チアンの『マオ』によると、それは有名な「皖南《かんなん》事件」なども含め、毛沢東が自分に反抗する党内勢力を抹殺するために、わざと蔣介石に攻撃させたということですが。いずれにしても、毛沢東はもちろん蔣介石も決して「抗日一辺倒」だったわけではなくて、重慶の交戦意欲をかろうじて支えていたのはアメリカの反日政策だったと思うんですが。

日中戦争はソ連の演出？

保阪　陳立夫氏はもうひとつ、重大な発言をしていました。彼から「日本と中国の戦争を起こした張本人は誰だと思う」と問われて、「日本の関東軍の軍人たちです」と私が答えると、「違う。あれはソ連が演出したのです」というんです。僕が驚いていると、陳氏

八路軍・新四軍　一九三七年八月、国民党と共産党の再合作の結果、それまでの共産党軍（紅軍）は国民革命軍に改編され、華北にあった主力は第八路軍、華中・華南の部隊は新四軍となった。「八路」は共産党軍の代名詞ともなった。

は「日本陸軍のなかに共産主義者がいたでしょう?」という。「分からない」と答えると、「いや、絶対にいる。我々が見たところ、共産主義者ないしその同調者がいる」と断言するんですよ。

半藤 それは、国民党が当時つかんだ情報に、日本陸軍内部のそうした動きがあったということなんですか?

保阪 いえ、それは知らないと言っていました。「日本が中国に攻めてきて、誰が一番喜ぶ? スターリンだろう?」「絶対に陸軍に共産主義者がいる、こんな簡単なことがどうして分からないのか」と盛んに言うんです。私が会ったとき、彼は九十歳を超えていましたが、ずっとそう思っていたらしい。たしかに、日本軍が明確な戦略もなく走り出したのは、ソ連の巧妙な戦略にのせられたからと考えれば、納得はできる。

ひとつ言えるのは、陳立夫氏が支那事変の前に国民政府で担当していたのは、対中国共産党交渉と、ソ連との交渉なんです。彼が、ソ連の腹の内をよく知りうる立場にいたことは確かですね。

中西 私は十分ありうると思いますよ。というのは、イギリス情報部系の人物の資料に、日本陸軍のなかに親ソないしコミンテルン関係の人間が複数いるようだとして、「彼らが日本の国策に枢要な影響を与えるかどうかを監視する必要がある」という話があり、おそらくそうした情報が一九三七（昭和十二）年ごろから恒常的にロンドンへ報告されていたようです。

その頃から、二・二六事件の直後ということもあり、イギリス大使館は参謀本部や陸軍省の人事関係にとくに関心を強めています。イギリス大使館のMI6*といえば、明治時代から日本にきた歴史学者のジョージ・サンソム*など、多くの知日派を抱えていますし、宮中や華族階級に深いネットワークももっている。かなり確度の高い情報ではないかと思います。

では、いったい陸軍の誰が、コミンテルン関係者だったのか。軍務局なのか、参謀本部なのか。興味深いところですが、最近ようやくその頃の諜報文書がぽつぽつと公開されて

MI6　一九〇九年に設立された英国情報局秘密情報部の別名。

ジョージ・サンソム（一八八三～一九六五）明治三十九年、英国領事として来日。勤務のかたわら日本史などの研究を続け、欧米の日本研究の第一人者となる。米国コロンビア大学で日本史を講じ、戦後は連合国極東委員会の英国代表ともなる。

きたので、これからの研究であきらかになっていくところだと思います。

半藤　なるほど、事実だとすれば、近衛上奏文*とも脈絡が通じますね。敗戦の色濃くなった昭和二十年二月、近衛文麿が「敗戦しても国体は護持できる、それより共産革命が起こるのが心配だ」と天皇に訴えるわけですが、その文章のなかで、「特に憂慮すべきは、軍部内一味の革新運動にあり」といい、「そもそも満州事変、支那事変を起し、これを拡大して遂に大東亜戦争にまで導き来れるは、これら軍部内の意識的計画なりし事、今や明瞭なり」と断言しています。さらに、勝ち目のない戦争をこれ以上継続するのは、共産党の手に乗るのと同じだから、一日も早く終戦を決意したほうがいい、と訴えるわけです。近衛が言わんとしているのは、陸軍のなかにコミンテルンに気脈を通じているやつがいて、日本を革命化しようと計画してるんだと。イギリス側がつかんだのと同じ情報に接していた可能性はありますね。この上奏文は、吉田茂*と相談して書いていますし。

とにかく、日本の上層部が終戦を決意した理由のひとつに、共産革命への恐怖があったのは間違いないから、なにか陸軍のなかに匂いがあったんでしょうね。

中西　たとえば、軍務局長として戦争指導にあたった武藤章*の周囲には、そうした疑惑をもたれた人物が多数いた可能性がある。十六年の十月に摘発されたゾルゲ事件が発表されるのは、翌十七年五月、ミッドウェー海戦の直前ですが、武藤章が左遷されるのも同じころでしょう。軍務局長から近衛第二師団長に格下げされて、南方軍スマトラ方面に行きます。これは、ゾルゲ事件で軍部に捜査が及んだときに、武藤周辺の情報があがった可能性があります。

保阪　東條の武藤章への不信は、明らかにゾルゲ事件の影響と思いますね。東條首相が、憲兵隊からあがってきた資料を見てそう判断したんでしょう。なにしろ南方軍への転出命令の出し方がひどすぎる。十七年四月に南方の占領地視察に赴かせておいて、立川の飛行

近衛上奏文　昭和二十年二月十四日、近衛文麿は天皇と会い、恐れるべきは敗戦後の日本の共産化であり、それを避けるためにも早く米英と和平すべきだと上奏した。

吉田茂（明治十一～昭和四十二）外務次官、駐伊、駐英大使などを経て、昭和十四年、外務省を退官。二十年四月、終戦工作をおこなった嫌疑で憲兵隊に拘束される。戦後、東久邇宮内閣外相、二十一年五月、首相。以後、四度にわたり首相を務める。死後、戦後初の国葬。

武藤章（明治二十五～昭和二十三）関東軍参謀などを経て昭和十四年九月、陸軍省軍務局長となる。その後、近衛師団長、近衛第二師団長、第一四方面軍参謀長など。敗戦後、A級戦犯となり、東京裁判で死刑を宣告され絞首刑。陸軍中将。

場に戻ってきたときに副官に転勤命令書を手渡させるという扱いですからね。

半藤　匂ったんでしょうねえ。

保阪　陸軍のなかにコミンテルン分子が本当にいたのか。ひとつのメルクマールになるのが、二・二六事件*です。ぜひ知りたいのが、当時、日本にいた十三カ国の駐在武官が、二・二六事件をそれぞれ本国にどう報告したか。ある国の武官は「これは偽装された共産革命である」と報告した、と聞いたことがあるんです。なぜそれが気になるかというと、実は、首相官邸と朝日新聞社襲撃を担当した栗原安秀中尉*が、決行一週間前にソ連大使館の人間と会っているという噂があるからなんです。

半藤　そうそう、青年将校がしきりにソ連大使館と接触しているという噂は、昔から一貫してありますね。

僕がある意味で感慨深いのは、十年前だったら、栗原が赤化分子かもしれないなんて、噂でも書いたら信奉者が大騒ぎです。ようやく、イデオロギーを離れて歴史を検証できる時代に入ってきた感があります。

加藤　ただ、当時にあっては、右と左というよりは、伊藤隆氏*のいう「革新」として捉えた方がよいかもしれません。資本主義に対して社会主義を是とする理由は、今とちがって生産力拡充や開発に対するプラスの意識があったのだと思います。尾崎秀実などは、日本、中国、満州が「運命を同じくする三国の超国家体」として協同する以外に、アジアの農業問題の同時的解決はありえない、とこう考えていましたね。これは石原（莞爾）派などの東亜連盟＊論と通じ合う部分があります。

中西　コミンテルンやソ連GRU（赤軍諜報部）の日本軍部への工作問題は、今後の研究

二・二六事件　昭和十一年二月二十六日早朝、歩兵第一、第三、近衛歩兵第三連隊などの青年将校が、部下を率いて首相官邸ほかを襲撃、斎藤実内大臣、高橋是清蔵相、渡辺錠太郎陸軍教育総監などを殺害した。天皇は激怒、反乱も数日で鎮圧され、首謀者らは死刑に処せられたが、この事件以降、陸軍の横暴はますます激しくなった。

栗原安秀（明治四十一〜昭和十一）歩兵第一連隊の中尉として兵を率いて反乱軍に加わる。特別軍法会議で死刑を宣告され銃殺に処せられる。

伊藤隆（昭和七〜）東大文学部教授、政策研究大学院大学教授などを務める。日本近代史専攻。オーラルヒストリー、近・現代史の資料発掘、保存における業績も大きい。

東亜連盟　石原莞爾が唱えた日本・中国・「満州」提携の主張。日中戦争の速やかな終結を狙っていた。これにもとづき東亜連盟協会も結成されたが、政府に弾圧された。

の大きなフロンティアとなるでしょうね。

半藤　同じ工作問題でも下世話な話をいたしますと、僕は長年、日本の海軍がなぜ親英から親独になっちゃったのか疑問で、海軍の人に会うたび聞いたんですよ。そしたらみんな口を濁すんですね。ようやく聞き出すと、日英同盟が廃棄されてからは、イギリスに留学できなくなって、ドイツに行ったんですが、実はドイツは女を抱かせたからというんです。聞いたときはガクッと力が抜けましたねえ、気持ちはよくわかりますが（笑）。

保阪　僕も陸軍の駐在武官体験者に聞いたことがあるのですが、ドイツに留学すると、ホームヘルパーの名のもとに女性が一緒に住むんですよ。要するに現地妻をあてがわれるわけです。で、日本の軍人はたいていイカレちゃう、と言っていました。

福田　カタブツの石原莞爾でさえ、ベルリンでは女がいたわけですから。ドイツは大インフレでマルクは超安かった、日本の留学生はみな恩恵をこうむってますね。

中西　冷戦中もKGBがしきりに女性を使って籠絡しますが、そういうテクニックはビスマルク時代のドイツが組織的に編み出したと思います。森鷗外のエリスだってわかりませんよ（笑）。留学中の外国軍人なんだから。

3 開明派・海軍が持つ致命的欠点

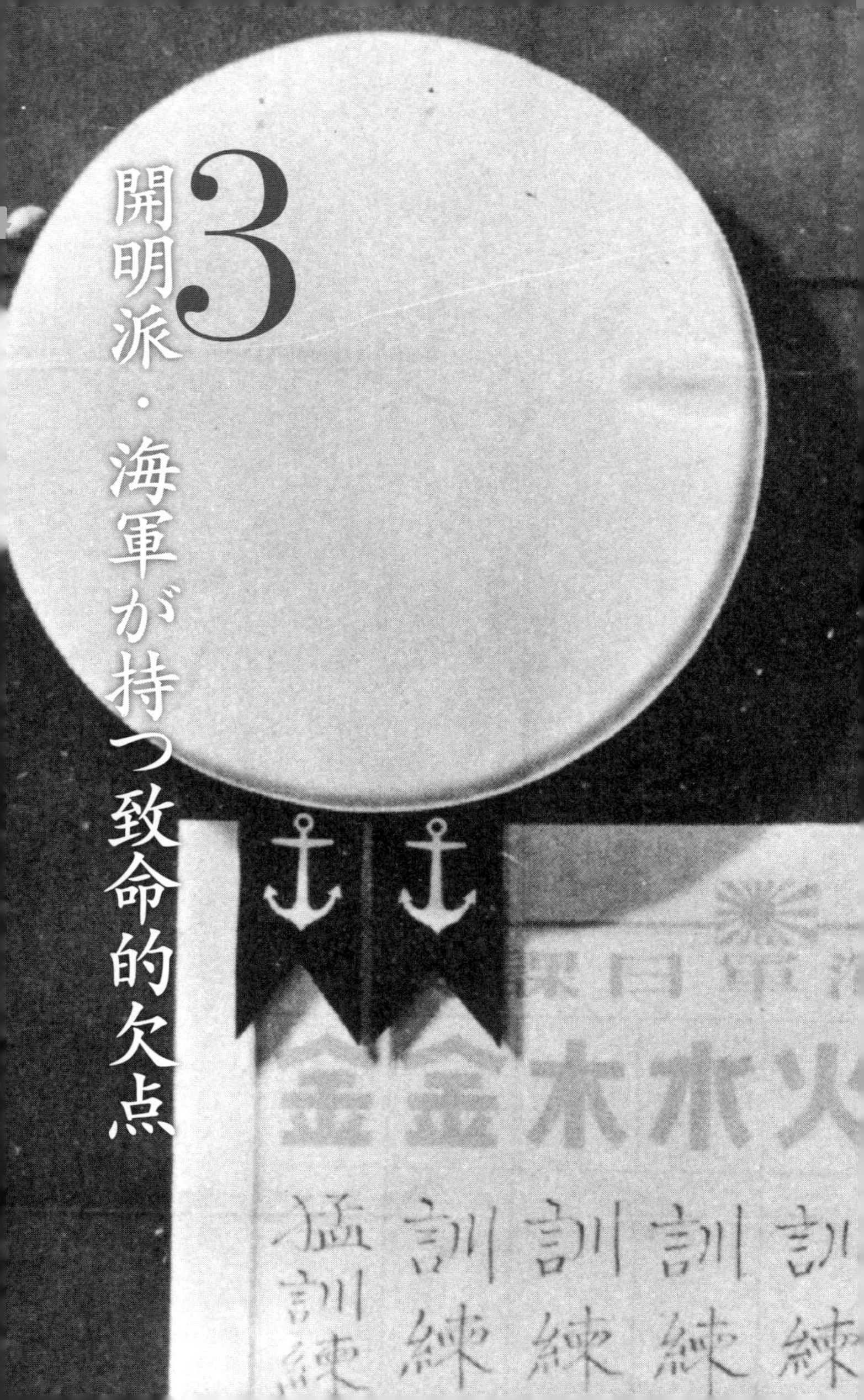

昭和史の中で陸軍は「悪玉」、海軍は「善玉」ということになっている。陸軍は精神主義的守旧派で、海軍は協調主義的開明派だったという漠然たるイメージも定着している。海軍は対米英戦争にも消極的だったが、陸軍に引きずられるように参戦したのだと信じている人も多い。さらに、米内光政、山本五十六、井上成美などの提督は、東條英機を筆頭とする陸軍の将軍にくらべて、圧倒的に優れた人物だったと思われている。

〈サイレント・ネービー〉という言葉がある。海軍軍人は不言実行をもって美徳とする、くらいの意味だが、戦後、旧海軍軍人は決して〝サイレント〟ではなく、旧陸軍軍人にくらべてむしろ多弁であった。それが、戦後日本での海軍の良きイメージ作りに貢献したのかも知れない。あるいは、東京裁判で海軍関係者が一人も死刑にならなかったことが、「海軍善玉論」に信憑性をもたせた可能性もある。

しかし、昭和の日本海軍はそれほど立派だったのだろうか。海軍首脳たちは対米英戦阻止に向けて、本当に有効な活動をしたのだろうか。太平洋での戦いで、連合艦隊は持てる力を十二分に発揮したのだろうか。拙劣な作戦の結果、多くの前途有為な青年たちを、あたら海の藻屑としなかっただろうか。それを検証することで、新しい昭和海軍像が浮かんでくる。

章扉＝戦時中のポスター

戸高　冒頭で加藤さんから、陸海軍それぞれの戦争目的、考え方のズレについての指摘がありました。陸海軍が一致団結してことにあたっていた印象の強い日露戦争との比較で、「なぜ日米戦争では足並みを揃えることができなかったのか」という問いは誰もが抱くと思います。改めて陸海軍のあの戦争における「失敗の本質」について考えたいと思います。まずは海軍の問題点を探ることから議論を進めていきましょうか。

私はそもそも、海軍が一枚岩だったとは思っていないんです。海軍内部の状況は、「一致団結」とはほど遠いものでした。海軍兵学校の同期同士や中枢である軍令部に配属された将校仲間など、小グループがたくさんあり、仲間うちではかばい合うのですが、海軍全体としては足並みが揃わない、というケースがよく見受けられるのです。

一例を挙げれば、昭和十九年四月、福留繁*参謀長の乗った飛行艇が墜落して、フィリピ

福留繁（明治二十四～昭和四十六）戦艦「長門」艦長、軍令部第一部長などを経て昭和十八年五月、連合艦隊参謀長。敗戦時は第一〇方面艦隊など三つの艦隊の司令長官を兼任。戦後は旧海軍軍人の団体「水交会」理事長も務めた。海軍中将。「海軍乙事件」については吉村昭『海軍乙事件』が詳しい。

ンゲリラに拘束されてレイテ海戦を含む作戦書類が奪われるという事件がありました。

半藤　海軍乙事件ですね。

戸髙　捕虜になった上に次期作戦の機密書類が米軍に渡った可能性もあるのに、帰還した福留参謀長に対する責任追及は一切行われなかった。兵隊に対して「生きて虜囚の辱めを受けず」と教育する立場の人間が追及されずに、のちの経歴にも傷がまったくつかなかった。こういった例は、枚挙にいとまがありません。日本海軍は陸軍はもちろん他国の海軍と比べても非常に所帯が小さく、ほぼ全員が海軍三校（兵学校・機関学校・経理学校）出身者の「お友達」で「身内」です。だから仲間の誰かが失敗したとしても、シビアな追及をしたり責任を負わせることはありません。このかばい合いが結果として海軍全体への悪影響を残してしまいました。

中西　福留はそれ以前、昭和十七年六月のミッドウェー海戦時*にも参謀として無責任体質を露呈しています。その年の四月にドゥリットル爆撃隊*が日本本土を初爆撃したことに脅威を感じた山本五十六は、太平洋上の米空軍拠点に攻撃をかけなければと考え、ミッドウェー作戦を強力に推進するわけですが、軍令部第一部の富岡定俊課長や三代一就参謀は強硬に反対します。すでに連合艦隊は南方に戦線を拡大しすぎていて、さらにハワイ近くのミッドウェーまで攻め込み、さらにアリューシャンまでとなると、いってみれば太平洋全体を舞台にしたウルトラ・ゲリラ作戦のような様相を呈してしまうのですから。

戸髙　まずは南方で米豪遮断に重点を置くべきだ、という考え方ですね。

中西　ところが、連合艦隊の渡辺安次参謀は「山本長官はこの海戦を承認しなかったら辞職するとおっしゃっています」と情に訴えてくる。そこで、軍令部の担当部長だった福留は「いや、もう長官がそこまでおっしゃるなら」と会議を打ち切り、結論を作戦遂行へと強引に持っていってしまった。つまり、国運を賭けた大作戦をやるか否か、という極めて高度で冷徹な判断を迫られる場においてまで、「合理性の議論」ではなく「お友達の論理」が基準となったのです。

半藤　福留さんはその後、連合艦隊参謀長として山本さんとツーカーの仲でした。

ミッドウェー海戦　中部太平洋ミッドウェー島付近の海域でおこなわれた日米の海戦。日本海軍は空母四隻などを失う大敗北を喫した。

ドゥリットル爆撃隊　昭和十七年四月十八日、千葉県沖の空母「ホーネット」から飛び立った米陸軍J・ドゥリットル中佐指揮のB25爆撃機十六機は、東京、名古屋、神戸を空襲した。

戸髙　軍令部は、各艦隊との関係において主導権を握った上で、奉勅命令*をしっかりと伝えるのが本来の役割です。それなのに、連合艦隊の勝手な動きをまったく押さえられない。さらにこのとき、連合艦隊はミッドウェー島占領後の補給を想定して、トラック島にいた第四艦隊に「補給は君のところで頼むよ」と極めて気楽に補給を頼んでいます。しかしトラック島とミッドウェー島は余りにも離れていて、そこまで手が回るはずがない。第四艦隊の土肥一夫航海参謀が「冗談はやめてくれ。地図を見てよく考えろ」と突き放すと「それならこちらで勝手にやるわい」と言い放つ。どこがどう反対しようとも現場が勝手にプランを立てて進んでいく、という海軍の作戦パターンが出来上がっていたんです。

半藤　その辺りは、ノモンハン事件の関東軍やインパール作戦のビルマ派遣軍の独走など、陸軍にも共通して見られるものですね。

政治に弱かった海軍

保阪　一方で、海軍は陸軍とくらべて政治的にナイーブでした。昭和十五年、三国同盟締結問題で吉田善吾*海軍大臣がノイローゼ状態に陥って辞任します。これは米内光政、山本五十六、井上成美の三国同盟反対トリオに代わって、吉田が「バスに乗り遅れまい」とする陸軍や政府内外の三国同盟賛成派の矢面に立って精神的に疲弊したからだ、とされています。

十五年の米内内閣の崩壊もそうですが、海軍は肝心なときに政治的にふんばれない。ある弱さをかかえている。その流れは戦時下の昭和十九年二月に東條英機首相が参謀総長を兼任するところで頂点に達します。すでに陸軍大臣を兼務していた東條は、陸海軍の戦争方針を決定する「軍令」と、陸軍省・海軍省が行う行政としての「軍政」を一体化するという禁じ手を使う。

半藤　このとき海軍大臣はお目出たいシマハンといわれた嶋田繁太郎《しげたろう》ですね。*

奉勅命令　天皇の裁可を受けた命令。
吉田善吾（明治十八～昭和四十一）戦艦「陸奥」艦長、連合艦隊司令長官などを経て、昭和十四年八月、阿部内閣の海相となる。その後、横須賀鎮守府司令長官など。海軍大将。
嶋田繁太郎（明治十六～昭和五十一）軍令部次長、横須賀鎮守府司令長官などを経て、昭和十六年十月、東條内閣の海軍大臣となる。十九年二月、軍令部総長兼任。敗戦後、A級戦犯となり、東京裁判で終身禁固となる。昭和三十年四月、仮釈放。海軍大将。

保阪　嶋田海相は、軍令部総長職との兼任について消極的でしたが、東條に叱咤されしぶしぶ承諾します。嶋田は海軍内で「東條の妾」と揶揄され、大きな批判を浴びますが、ここに至って、海軍の組織としての強さは完全に失墜した。実際、嶋田が軍令部総長を兼任した半年間、軍令部総長の機能はほとんど失われていました。彼に仕えていた軍令部の参謀も「あの人は都合の悪い報告を聞くと、とにかく激怒する。だから彼が激怒しないような報告ばかりになってしまった」との証言を残しています。

半藤　保阪さんのいう政治に弱い海軍という点では、「軍人勅諭」を守りすぎていましたね。「一切の政治に関与せず」を余りにも愚直に捉えて、日本外交を優位に進めるために日本海軍があるんだ、という考え方を少しも持てなかった。単純明快に、自分たちだけ仲良く、また一生懸命にいい軍艦を作ってうまく動かそう、ということばかりでした。海軍の純化思想、とでもいえるような。

中西　結局「戦争は政治の延長」ということが全く理解できていなかったんですね。明治期の海軍は、国際法を割合よく勉強していました。特に東郷平八郎はイギリスで勉強していますから、家に遊びに来た後輩によく「国際法と歴史、中でも外交史を勉強しろ」としきりに勧めています。ところが、昭和の海軍はいつのまにかそれが抜け落ちていく。

福田　いわゆる大海軍のなかで、日本海軍ほど人工的で抽象的な組織はないのではないでしょうか。イギリスの海軍はその発展過程で東インド会社*のような貿易商社と深い関係をずっと持ってきました。高名なドレイクの艦隊*も、海賊というよりは、スペインが独占している新大陸との交易から、利益をとるための行為として公認されていたのです。アヘン戦争の時代でさえ主力艦隊は王立海軍のものでなく、ほとんどが、東インド会社の船でした。経済的実利の追求と海軍の成長がしっかりむすびついていた。

ところが日本の場合は、幕末に島津斉彬*が田町の薩摩藩邸前の海で蒸気船を進水させたところから始まったように、「テクノロジー先にありき」です。最新テクノロジーをどう使いこなすかを最優先に考えて海軍組織が作られてきた。英国のように現実社会の必要に

東インド会社　一六〇〇年から一八五八年の間、イギリスとアジアの貿易やインド植民地経営を独占した会社。
ドレイクの艦隊　十六世紀後半、フランシス・ドレイクをはじめとする女王公認の「海賊」たちは新大陸沿岸でスペイン船を襲い、また港町を略奪して多くの富を英国にもたらした。
島津斉彬（文化六～安政五）幕末期の薩摩藩主。開明的で知られ、西洋式軍艦、蒸気船を建造したり、鋼鉄、火薬、ガラスなどの製造工場を鹿児島に作った。

応じて発展した海軍ではなかったのです。

この組織は、第一次大戦のあたりまではなんとか有効でしたが、大戦以降の総力戦時代には組織原理が余りに単純で、平板で、ダイナミズムが感じられない旧態依然たるものになってしまった。以降、海軍と社会との隔絶が、日に日に大きくなっていきます。それが政治音痴にもつながったのでしょう。

戸高 イギリス海軍は、帆船の時代から数百年コツコツと時間をかけて発展してきて、パックス・ブリタニカ*を支える蒸気海軍になった。日本の場合はそういった発展経過を飛び越え、海軍の制度的結論だけを移植しているから、組織運用の面などでも皮膚感覚で理解できていなかったでしょうね。

明治中期までの日本海軍は、軍艦をほぼすべて輸入していました。ですから将官から水兵に至るまで、多くの日本兵が軍艦の作られているイギリスに赴き、訓練しながら日本まで新造船を回航します。大西洋を通り、地中海を通ってスエズを経由し、あるいはインド洋、東南アジアを回ったり、いずれにしてもその回航の間は、操艦練習をしながら、リアルタイムで当時の「世界」を体感しているわけです。ですから海軍将兵はみんな国際感覚がある。ところが軍艦がどんどん国産できるようになると、回航自体がなくなり、リアルタイムで世界の空気を感じられなくなる。昭和の海軍は、エリートだけが外国での経験を積み、候補生が遠洋航海で観光旅行レベルの体験をするだけになってしまいました。

たしかに、軍備を国産で賄うこともまた、軍隊にとっては非常に大事な要素です。いざというときに兵器を輸入するわけにいきませんから。軍の国際性と兵器の国産化の需要の相剋とでもいうような事態が、日本海軍のなんとも中途半端なお友達体質を作った、ということは指摘できると思います。

半藤 一九二二年、ワシントン条約を締結した時点で日英同盟が廃棄されてしまいました。この裏にはアメリカの巧みな日英分断の誘導がありましたが、いずれにしてもこれでイギリスと完全に縁が切れてしまった。これは日本にとって大きな損失となりました。もうイギリスからいろいろ学ぶことができなくなる。

中西 ことはイギリスだけにとどまりません。十九世紀末から二十世紀初頭にかけて、日本が大国の仲間入りをしていくに従って、諸外国、それも先進国が日本に知識を教えなくなります。特に海軍関係の知識を教えることをものすごく警戒するようになる。

パックス・ブリタニカ ラテン語で「英国の平和」。英国を中心とする世界秩序のこと。

日露戦争以後も日本の留学生がイギリスの海軍兵学校に行きますが、日英同盟がまだ生きていた一九一一年の時点であっても、英国海軍省からの指示で砲術の授業には日本人は入れなくなった。さらに第一次大戦中には日英が同じ陣営で戦っていたのにもかかわらず、軍事技術の供与を大幅に制限し始めます。アメリカ海軍にもそういう動きが一九一〇年前後から出てきますから、海軍の軍人としては「全部自前でやらなければ」という気持ちになっていったのではと思います。

陸軍へ吸収される恐怖

加藤 戸高さんご指摘のように確かに日本海軍の組織は小さかったのですが、兵力的には陸軍と肩を並べていますよね。予算の獲得などでは陸軍に拮抗してやってきました。海軍の行動が際立つのは、陸軍が政治的に決定的に強くなるのを是非とも防止しなければならないという立場でなされる、消極的反抗作戦でしたね。

海軍省調査課長だった高木惣吉*は、武藤章の画策によって近衛新体制運動*が活況を呈するようになると、関西の財界を組織化することによって、反陸軍、反大政翼賛会運動を展開します。日銀総裁を務めた結城豊太郎*や池田成彬*などの要人に「近衛新体制はアカだ、資本主義を危うくするぞ、幕府ができるぞ」としきりに喧伝するんです。動揺した近衛は、内閣を改造せざるを得なくなる。具体的には、風見章*ら昭和研究会の革新的なブレインや、

高木惣吉（明治二十六年～昭和五十四）海軍省などでの地上勤務が長く、昭和十四年四月、同省調査課長となる。敗戦後は東久邇宮内閣副書記官長に就任。著書も多く、「海軍＝平和勢力」のイメージ作りに貢献した。海軍少将。

近衛新体制運動　昭和十五年七月に第二次内閣を組織した近衛文麿は「大東亜新秩序の建設」「強力な新政治体制の確立」「支那事変の解決」などの目標を華々しく掲げるが、結局、軍部主導の対米戦争への動きを止めることはできなかった。

結城豊太郎（明治十～昭和二十六）日銀理事、日本興業銀行総裁、林内閣蔵相兼拓務相などを歴任し、昭和十二年七月から十九年三月まで日銀総裁。

池田成彬（慶応三～昭和二十五）三井合名常務理事から昭和二年十二月、日銀総裁。十三年五月、第一次近衛内閣蔵相兼商工相、十六年十月から二十年十二月まで枢密顧問官。

風見章（明治十九～昭和三十六）信濃毎日新聞主筆などを務めたのち代議士となる。昭和十二年六月、第一次近衛内閣書記官長、第二次近衛内閣司法相。戦後は左派社会党に入党。

亀井貫一郎*、有馬頼寧*などの翼賛会の幹部を排除し、平沼騏一郎や柳川平助*といった観念右翼を登場させた。こうして陸軍主導の強力な国民組織の結成を阻止するのに成功しました。海軍の政治性は、対陸軍の場で発揮されますね。

半藤　海軍の弁護めきますがそれには無理がないところもあって、海軍の中には常に「陸軍に吸収される」という恐れが発足当初からあるんです。日本の海軍史を振り返ると、日露戦争の直前に山本権兵衛*が陸軍と対等にやりあうことで海軍の独立を確保しましたが、やはり海軍は所帯が小さいため、陸軍の下に入れられてしまう危険性が常にある。日本の海軍史は、同時に陸軍への抵抗史でもあるんです。

中西　日本には「海兵隊」がありませんね。これも陸海軍の不毛な足の引っ張り合いによるものです。大正期以降、太平洋にあれほど多くの島を領有し、あれほどの大海軍になったのですから、島嶼部の支配をより確実にするためには、強力な海兵隊がぜひとも必要でした。アメリカなどは、第一次大戦時から海兵隊兵力を非常に多く抱えていたのですから、日本がそれを知らなかったはずがない。

実は日本にも明治十一年頃までは海兵隊が存在したんです。海軍兵学校とは別に「海兵隊兵学校」があり、海兵を育てていました。ところがしばらくして、海兵隊を持っていると陸軍による海軍吸収の口実に使われるのではないか、という危惧から廃止することになったのです。かわりに海軍陸戦隊としてごく小規模に留められた。たしかに上海事変でも、

亀井貫一郎（明治二十五～昭和六十二）外交官から政界に転じ社会民衆党幹部、代議士となる。昭和十五年十月、大政翼賛会総務。戦後はGHQに接近。元津和野藩主亀井伯爵家の一族。

有馬頼寧（明治十七～昭和三十二）代議士、貴族院議員などを経て、昭和十二年六月、第一次近衛内閣農相。十五年六月から十六年三月まで大政翼賛会事務総長。旧久留米藩主家の伯爵。母は岩倉具視の娘、妻は北白川宮能久親王の王女、三男頼義は直木賞を受賞した作家。

柳川平助（明治十二～昭和二十）陸軍次官、第一師団長、台湾軍司令官などを歴任した「皇道派」の中心人物のひとり。二・二六事件後の粛軍人事で予備役入りするが、第二次近衛内閣司法相、大政翼賛会副総裁を務める。

山本権兵衛（嘉永五～昭和八）戊辰戦争に参加した後、海軍兵学寮（兵学校の前身）に入り海軍軍人への道を歩む。海軍省軍務局長などを経て、明治三十一年十一月、第二次山県内閣海相となり、以後、第四次伊藤、第一次桂内閣でも留任する。大正二年二月、首相となるが、翌年四月、シーメンス事件で辞職。十二年九月、再び組閣。薩摩出身だが、出身地にとらわれない人事をおこなった。伯爵、海軍大将。

マキン・タラワ島*での攻防でも力戦敢闘していますが、やはり本格的な海兵隊ではなく、「特別陸戦隊」と称してはいても基本的には水兵に小銃や機関銃を持たせただけの、文字通りその都度船から上って戦う「陸戦隊」でした。いかに勇敢でもにわか仕立ての陸兵では、米国の強い火力で訓練された海兵隊に勝てるわけがありません。

半藤　終戦時の鈴木貫太郎内閣が成立したのが昭和二十年四月ですが、この内閣が最初に直面したのが陸海軍統合問題、正確にいえば陸軍の海軍吸収問題でした。鈴木は海軍出身ですから、陸軍との関係改善をまず取り持とうとします。ところが海軍大臣だった米内と海軍次官の井上は、「もし陸軍だけになれば戦争終結など考えられない、だから戦争終結を目指す海軍は独立していなければならない」ということで、海軍の存続のために、吸収反対に全精力を傾けます。一刻を争っていたはずの終戦前の貴重な時間をまったく無駄に費やしている。もちろん陸軍の海軍吸収の動きも決してほめられたことではありませんが。

保阪　もともと日本は海洋国家だから、いわば「海主陸従」ということで、海軍が主でよかったはずなんです。それが明治十年の西南の役で海軍の担い手であった薩摩閥の力が弱まって以降、急激に「陸主海従」へと傾斜していきます。「海主陸従」は明治初期の数年間だけに終わってしまいました。

半藤　またこの頃、長州閥が牛耳っていた陸軍に、山県有朋という豪腕政治家が登場してしまったことも大きかったですね。彼の政治力は、海軍にとってずっと重い足かせとなりました。

加藤　当時の大国の中で日本のように陸海軍どちらも強くしようとした国は珍しいんですね。ドイツやロシアなどの大陸国家は陸軍でありまして、英米は海軍重視となる。他国はたいていどちらかに偏っています。両方強くしようとしたことで、様々な問題が起こってきた。これは日本の近代を考える上で面白い点だと思います。

福田　やっぱり、海軍は陸軍に吸収されていた方がよかったのでは、と私は思うのですけれど。実際、陸海軍が分かれていることで数々の不都合が起きました。

ガダルカナルから、ラバウルにいたる攻防を見ていくと、海軍の「自立性」がいかに大

マキン・タラワ島　中部太平洋にあるマキン、タラワ両島はハワイとニューギニアのポートモレスビーを結ぶ要衝で、日米両軍の争奪が繰り返された。昭和十八年十一月の米軍の攻撃で両島の日本守備隊は全滅したが、米軍の損害も大きかった。

きな災厄をもたらしたか、よくわかる。ガダルカナルも海軍が陸軍にまったく知らせずにあんなところに基地を建設したために、「餓島」といわれた悲惨な戦闘が行われたのです。

昭和十七年十一月、ラバウルに赴任した今村均大将*は、陸軍兵七万人の自給自足体制を整え、さらには地下要塞を作って米軍に備えていました。持久戦で頑張ろうとした。ところが、こういう時になってもロクに船も飛行機もない海軍が、別に司令部を構えているわけです。

終戦時の降伏文書調印の時も、今村だけが呼ばれたのに、海軍の草鹿任一*がやってきて、今村司令官の横に無理やり名前を書いた。

虚偽の戦果報告

中西　よく「大本営発表」と言われますが、海軍はミッドウェーをはじめとした損害戦果についても、一緒に戦っている陸軍にさえ本当のことを教えなかった。しばしば虚偽の報告すらしているんです。また陸軍も変にお人好しなところがあって、海軍の過大戦果の虚偽発表をそのまま信じて作戦計画を何度となく変更しました。海軍のこの行為は国賊ものですよ。

保阪　陸軍の作戦参謀の井本熊男の日誌にミッドウェー海戦の記述があります。井本は、勝利の宴会の準備をしていた海軍軍令部に顔を出すんです。いざ部屋を覗いてみると、作戦失敗の報に接して海軍参謀誰もが顔面蒼白になっている。海軍の気持ちをおもんぱかった井本は「申し訳ない」と慌てて扉を閉めてしまう。ミッドウェー海戦には、上陸部隊として陸軍の一木支隊も参加していたのだから、本当なら敗戦の実態を確認してその原因をきちんと突っ込んだ上で、これから戦線をどう立て直すかを参謀同士で一緒に詰めるのが当たり前だと思うんですが。

半藤　あの時、井本さんはたしか友人の海軍参謀を引っ張りだして「どうだった？」と

今村均（明治十九〜昭和四十三）陸軍省兵務局長、第五師団長などを経て、昭和十七年十一月、第八方面軍司令官としてラバウルへ赴任した。戦後、戦犯として禁固十年に処され、巣鴨プリズンに収容されるが、部下たちと苦労をともにしたいと願いインドネシア・マヌス島で服役する。陸軍大将。

草鹿任一（明治二十一〜昭和四十七）兵学校校長などを経て、昭和十七年十二月、南東方面艦隊兼第一一航空艦隊司令長官。海軍中将。草鹿龍之介は従弟。

聞くだけ。その参謀も「ここは黙っていてくれ」で終わってしまう。

保阪　だから海軍が組織的な隠蔽を行ったのは間違いないけれども、陸軍もまた遠慮をしていて、ある意味で共犯者になっている。かばい合いの構図です。

加藤　ただ、参謀本部や軍令部の上奏書類を見ますと、さすがに天皇には正確な情報が伝わっています。天皇を媒介にして、首相、陸軍、海軍には相互に伝わっていたようですね。

中西　虚偽の報告の中でも最もひどかったのは、昭和十九年十月の台湾沖航空戦*の戦果でしょう。大本営は「空母十一、戦艦二、巡洋艦三、巡洋艦もしくは駆逐艦一撃沈」と発表していますが、実際は「空母二、重巡一、軽巡二、駆逐艦三小破」にすぎなかった。これ以降フィリピン作戦、ビルマ作戦と、陸軍の作戦構想は全て誤った前提で動いてしまった。

戸髙　台湾沖航空戦の大本営発表を聞いて、さきほどの土肥参謀は、当時軍令部参謀になっていましたが、「ちょっとこれ、半分以上おかしくないか」と疑問を口にしたら、興奮した航空参謀の源田実に「お前、俺の部下の報告を信用しないのか！」と怒鳴りつけられたそうですよ、正確には、部下ではありませんが。非常時には声の大きいものが強い、ということで周りも「しょうがないな」となってしまう。

半藤　あの時、台湾沖航空戦の戦果を前提にして陸軍はルソン決戦をレイテ決戦に変更＊します。現地の山下奉文《ともゆき》＊と武藤章がそんな作戦変更は無理だ、とルソン作戦を進言するにもかかわらずレイテ作戦を進めて、輸送もままならぬまま、最後は玉砕してしまいました。

戸髙　そもそも日本には戦果の判定マニュアルがなかったのです。搭乗員の報告については、聞く側の判断だけになってしまう。報告をまったく信用しない人と、すべて信用す

台湾沖航空戦　昭和十九年十月十二日から五日間、連合艦隊の航空勢力は台湾沖で米機動部隊に攻撃を加えた。この「大戦果」に対し、陸海軍には賞賛の勅語まで下された。

山下奉文（明治十八～昭和二十一）二・二六事件に際し、「皇道派」幹部として反乱軍に好意的な態度をとったとされ、以後、陸軍省、参謀本部の中枢から遠ざけられる。対米英戦争開戦時のシンガポール攻略作戦を第二五軍司令官として指揮、大勝利を収め、「マレーの虎」の異名をとるが、閑職にまわされる。昭和十九年九月、戦況の悪化したフィリピンに第一四方面軍司令官として赴任。敗戦後、戦犯としてマニラで絞首刑に処せられた。陸軍大将。

ルソン決戦をレイテ決戦に変更　昭和十九年十月下旬、海軍は自らが強硬に主張したレイテ湾突入作戦に失敗、「武蔵」など多くの戦力を失い、連合艦隊は壊滅した。

る人がいて、軍令部内でも常に揉めている。一方アメリカは戦果の判定基準がしっかりありました。撃墜にしてもガンカメラの映像の中で飛行機が燃えていなければカウントしない。実にシビアです。もちろん戦果の過大報告はあったでしょうが日本ほどではない。それに、戦果判定チームは、戦闘の後に確認の偵察機を戦闘空域に飛ばします。しかし日本にはそんな飛行機を飛ばす余裕はありませんでした。

中西　それは第一次世界大戦の教訓でもあるんです。当時イギリスも現場からの虚偽の戦果報告に悩まされました。ロンドン空襲などありえない、という情報が上がっている閣議の真っ最中に、ドイツ空軍がロンドン上空に飛来したあと、「前の戦果情報が違っていました」という報告が入って愕然とした。そういった経験をふまえてパイロットの言葉を信用してはならない、という軍のカルチャーが生まれました。アメリカでも一九三〇年代の中ごろ、英国の教訓をふまえて、マッカーサーが参謀総長の時に、戦果確認作業マニュアルの強化が必要だ、という報告を出しています。この話は後でも出てくるでしょうが、第一次大戦を経験しなかったということが、日本にとって致命的問題になります。

戸髙　本当にそうですね。日本は本当の近代戦争を知らないままに、太平洋戦争に突入したのです。

4 陸軍エリートはどこで間違えた

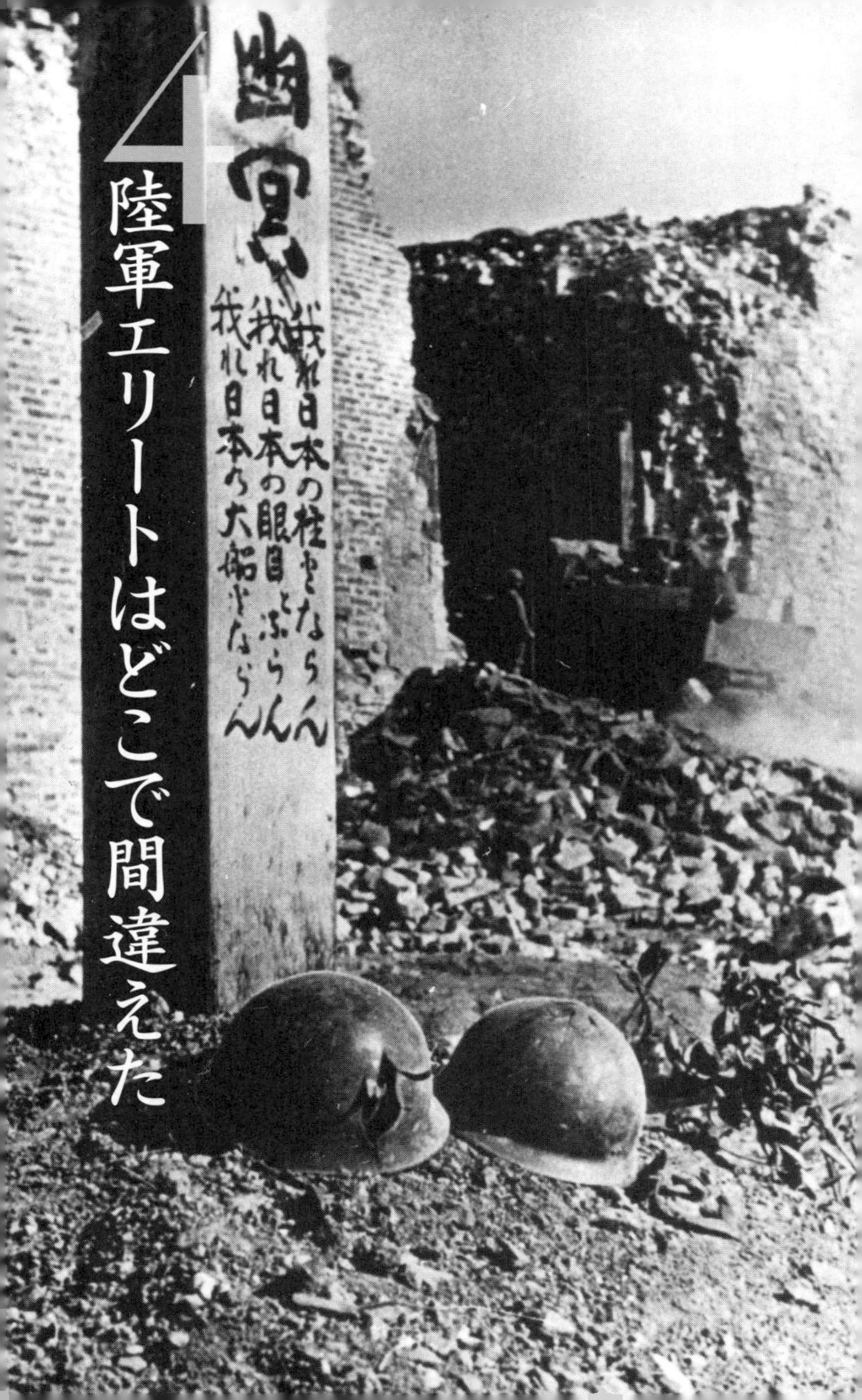
我れ日本の柱とならん
我れ日本の眼目とならん
我れ日本の大船とならん

陸軍幼年学校や士官学校に入校するのは難しかった。健康で体力があり、なおかつ学力に秀でた少年でなければ生徒として採用されなかった。そして、士官学校を卒業し将校となったもののごく一部だけがさらに選抜されて陸軍大学校で参謀教育を受け、陸軍省や参謀本部の要職に就くことができる。昭和陸軍を動かした軍人たちの圧倒的多数は、こういう道を歩んだエリートだった。

結果から見れば、このような人材育成システムはうまく機能したとは言いがたい。エリートたちは派閥争いに憂き身をやつし、軍の統制は乱れて下克上の風潮がはびこり、有能な人材は中枢部からはじきだされた。実権を握った佐官クラスの野心家たちは陰謀をめぐらして戦火を拡大し、大陸での戦争を抜けられないドロ沼へと導いていった。国内でも彼らによるクーデター計画が続発し、ついには「五・一五」「二・二六」が起きる。

一体、なにが間違っていたのだろうか。日本人のなかの最良の部分だったはずのエリート軍人たちが国を誤るという悲劇のシナリオは、どこでどのようにして作られていたのだろうか。

保阪　次に陸軍の問題を論じましょうか。

よく紋きり型の言い方で、「陸軍の横暴が日本を戦争に導いた」というのがあります。ことはそれほど単純ではないと思いますが、昭和の陸軍を調べてきますと、昭和初年代にその芽があり、確かに昭和十三、四年頃から、陸軍内部でもバランス感覚が急速に失われて、組織としての歪みが出てくるように感じます。それが日中戦争の拡大や、三国同盟への傾斜、そして、対英米戦争の選択につながっていった面は否めない。大蔵官僚との予算折衝において、それまでは理性的だった軍人の態度が、東條英機に代表されるように「なぜ我々の要求を呑めないのか！」と暴力的、高圧的になっていくのもこの時期です。これには、この期の陸軍の人材登用面に抜きがたい問題が横たわっていたからにも思います。

半藤　満州事変から対米開戦、そして終戦にいたるまで、陸軍の中心的存在としてずっと浮かび上がってくるのは、参謀総長なり陸軍大臣なりといった陸軍トップではありません。彼らの存在感は薄かった。むしろ、石原莞爾、武藤章であり、あるいは田中新一*、辻

田中新一（明治二十六～昭和五十一）関東軍参謀などを経て、昭和十五年十月、参謀本部第一（作戦）部長。十六年七月、ソ連を挑発する関東軍特種演習を主導した。陸軍中将。

政信＊といった参謀本部の中堅幕僚が中心なんですね。これがどうも気にかかるんです。帝国陸軍を実質的に動かしていたのは彼らだった、と考えていいんでしょうか。

加藤　国際政治学者の細谷千博氏などは、日本の軍の組織構造を「円錐台形モデル」と見ています。円錐をイメージしたときに、上の部分だけがスポッと失われていて、台形の上部に位置する四十代くらいの課長クラスが、実質的に決定を行っている。上にどんな大臣が来ようとも一定の作戦計画が立案できてしまう、という形です。だから、かえって長期にわたって政治的指導や軍事的指導を行う上層エリートが円錐台の上に位置し続けることは非常に難しかった、ということができます。

福田　石原、永田鉄山＊、そして武藤あたりまでの世代は非常に特殊ですね。永田や東條らは、一九二一年にドイツの保養地、バーデン・バーデンで陸軍の改革を誓い合います。第一次世界大戦の総力戦を目の当たりにした彼らは、総力戦で勝利を収めるには国家改造が必要だと実感させられる。イギリスであればロイド・ジョージ首相が、フランスであればクレマンソー首相という政治家が行ったことを、日本では参謀本部の主導で行おうとしたわけです。陸軍軍人の政治関与の是非は問われてしかるべきでしょうが、現実問題として、彼ら陸軍の中堅幕僚を除いては、岸信介や後藤文夫といった新官僚・革新官僚＊くらいしか、来るべき総力戦を前提とした社会改革のプランを持ち得なかったことも事実です。

保阪　「今はもう明治の日露戦争を戦った時代じゃない。上の人間は新しい時代の戦略も戦術もろくに知らないんだ」といった考えは、大正末期からすでにあったといえばあったのですが、昭和に入った途端にそれが露骨になっていく。

バーデン・バーデンの誓いには「藩閥支配の打倒」も含まれていて、これ自体は純粋で妥当なものだと思います。実際大正末期には「長州の三愚」と言われるような能力の低い将官がいまだに高い地位にいましたし、陸大の答案に長州出身と書いたら点が上がる、といった話もまことしやかに囁かれていました。まずこういった連中を切っていかなければな

辻政信（明治三十五～昭和四十三）関東軍参謀、参謀本部作戦班長などとして一貫して戦争指導に従事。敗戦後、戦犯に指定されるが東南アジアなどを逃走し、帰国後は衆院議員、参院議員に当選。昭和三十六年、ラオス旅行中に行方不明となり、四十三年、死亡宣告。陸軍大佐。

永田鉄山（明治十七～昭和十）欧州各国駐在武官や陸軍省、参謀本部の要職を歴任、昭和九年三月、陸軍省軍務局長に就任。陸軍内の綱紀粛正を図るが、翌年八月、執務中に「皇道派」の相沢三郎中佐に斬殺される。死後、中将に昇進。

革新官僚　戦争遂行のための国家総動員計画作成の中心になった企画院の官僚や、岸信介商工次官、星野直樹企画院総裁らを指す。

らない、と思ったのでしょう。こうした縁故、地縁主義を排除することは、健全な組織にはある程度必要なことだと思います。しかし、一方で、それは成績至上主義という弊害も生む。やがてそれが昭和初年代には桜会*、一夕会*といった永田鉄山、岡村寧次、そして東條たちの世代、そして次の橋本欣五郎の世代が作った陸大出のエリートグループと彼らよりも若く血気にはやる、士官学校出の青年将校との対立につながっていきます。

二・二六事件の影

戸髙　陸軍大学出身者が参謀本部を占めるようになりますね。最高のエリートであるはずの陸大出身者が陸軍を背負うようになってから、なぜかえってダメになったのでしょう。過度のエリート意識が人物と組織を壊してゆくような面もあったとは思いますが。

保阪　東條の次の世代の陸軍軍人には、実は優秀な人材がたくさんいるんです。たとえば後にインパール作戦の第一五師団長となった山内正文などは非常に優秀ですし、駐在武官クラスの佐官であれば誰が参謀本部に入ってもおかしくない。ところが彼らは指導部に入れない。

半藤　私は昭和十一年の二・二六事件以降、中央の陸軍将官のレベルがガタンと落ちた、と思っています。統制派と皇道派*の争いの結果、二・二六事件の首謀側として皇道派の軍人が、中央からはじき出されてしまいました。事件後に残ったのは二流将官ばかりで、明らかに能力的に落ちる人が多い。結局、加藤さんのいう円錐台形モデルのように、陸軍のシャッポ、頭がものすごく軽くなってしまった。これは中堅幕僚たちが思う通りに軍を動かせるようになる一つの要因となりました。

保阪　二・二六事件後、「皇道派ないしその系列の者は、東京から何キロ以内には絶対入れない」といわれましたね。こういった粛軍人事も、全体として陸軍人事に歪みを引き

桜会　昭和五年秋、橋本欣五郎中佐ら参謀本部や陸軍省の中堅幹部が結成した。橋本らは国家改造のためと称して民間右翼とも結び、「三月事件」「十月事件」といわれるクーデタ未遂事件を起こすが、陸軍首脳部は厳しい処分をせず、軍内の「下克上」ムードを強めた。

一夕会　昭和四年春ごろ、石原莞爾、武藤章、永田鉄山らの陸軍のエリート将校が作った会。陸軍人事の刷新、満蒙問題の解決、荒木貞夫、真崎甚三郎、林銑十郎三将軍の擁立を主張していた。

統制派・皇道派　昭和初期の陸軍の二大派閥。ともに陸軍主導の国家運営を目論んでいたが、前者は軍内の統制を重視し、後者は精神主義的だった。

起こしました。

半藤　たとえばスウェーデンに赴任した小野寺 信《まこと》*大佐は皇道派でしたが実に優秀でした。彼はスウェーデンで懸命にヨーロッパの情勢判断を行って、日本に的確な情報を送っている。

中西　小野寺はストックホルムにあって、ドイツ参謀本部や軍の情報部のネットワークにもポーランド人などのスパイを送り込み、非常に確度の高い情報をつかんでいました。大戦末期のヤルタ会談*やポツダム会談*の詳細も、しっかりとつかんでいる。

半藤　でも、軍中央にそれらの情報をいくら上げても採用されることはない。はじめから「あいつは皇道派だから」というレッテルが貼られているために、見向きもされないわけです。

戸髙　それに加えて、中央は自分に都合の良い情報しか信じない、という視野狭窄に陥っていた。

中西　実は、皇道派の軍人のその後を見ていくと、よき情報将校になっていたり、戦場でも戦士《ソルジャー》としては秀れた軍人が多かった。山下奉文がその代表格です。

半藤　柳川平助もそうです。

加藤　皇道派のリーダー格だった荒木貞夫*に対しては、ソビエトに対して「竹槍で戦うのだ」などと言ったとかで彼を軽蔑する空気がありました。しかし小畑敏四郎*など荒木周

小野寺信（明治三十～昭和六十二）ラトビア公使館付武官などを経て、昭和十三年十月から上海で諜報活動に従事。十五年十一月、スウェーデン公使館付武官となる。陸軍少将。

ヤルタ会談　昭和二十年二月四日からソ連クリミア半島のヤルタで開かれたルーズベルト、チャーチル、スターリンの米英ソ三首脳の会談。ソ連の対日参戦も合意された。

ポツダム会談　昭和二十年七月十七日から、ドイツのベルリン郊外ポツダムで開かれたルーズベルト、チャーチル（途中からアトリー）、スターリンの会談。日本の無条件降伏を要求するポツダム宣言は七月二十六日に発せられた。

荒木貞夫（明治十～昭和四十一）憲兵司令官、教育総監部本部長、犬養内閣陸相などの要職を歴任、「皇道派」の首領として活動するが、二・二六事件後に予備役となる。その後、第一次近衛内閣の文相などを務める。戦後、A級戦犯となり、東京裁判で終身禁固に処せられるが、昭和三十年六月、仮出所。男爵、陸軍大将。

小畑敏四郎（明治十八～昭和二十二）永田鉄山と士官学校同期でライバルと目された。ロシア大使館付武官のとき、「バーデン・バーデンの密約」に加わる。陸軍大学校校長などを歴任したが、二・二六事件後、予備役となる。戦後、東久邇宮内閣の国務相。陸軍中将。

辺の皇道派系の軍人たちの思想を洗っていくと、武力戦だけが戦争だと考えていない部分で、真の意味での総力戦がわかっていたのではないかとも思います。それこそイスラム教勢力の活用、宗教や思想の利用といったところにまで目配りをしていました。皇道派系の軍人の、ある意味での柔軟さがよくわかります。

中西　逆に統制派的志向に傾きはじめると、それまでは幅広い能力のある軍人だったのに、戦士としての質が急速に低下しているように思えます。武藤章の世代くらいから途端におかしくなっていく。武藤は支那事変の不拡大を唱える上官の石原に反対し、意図的に拡大にもってゆく。あのメンタリティーはそれまでの陸軍軍人とは異質です。開戦時の作戦部長、田中新一なども、一知半解で政治に首を突っ込む点では同様です。彼らはソ連やドイツでの駐在経験があり昭和研究会グループとも近く、まず初めは盧溝橋事件後に戦線拡大を推進し、次いで三国同盟や南部仏印進駐のいずれをも強力に推進し、対米戦争へと国策をつねにぐいぐい引っぱっていったわけです。

昭和十年代のエリート軍人像

保阪　武藤、田中新一、遠藤三郎など陸士二十五、六期の連中は、対米開戦時は局長クラスで、戦場に出ていれば師団長クラス。つまり現実に戦争を担う世代です。彼らは第一次世界大戦の直前に士官学校を出て、大戦の後に陸大を出ています。昭和という時代の節目節目を、組織の中堅上層部として担っているんです。

武藤にしても「対中一撃派」として石原の弱腰を笑う一方で、のちに中支において人、国土、兵器以前の戦争を支える諸条件を勘案して戦力分析を行っています。その時には長期戦を予想し、若干自省的なことを漏らしています。軍務局長になって以降の日米交渉や項目再検討会議におけるやり取りを見ると、私はむしろ武藤は実に理性的な軍人だったのではないかと思っています。むろんゾルゲ人脈とのからみも考えられるわけですが、その理性的な部分を東條が疎んじたから、昭和十七年四月に南方に出されたという見方もできます。武藤章こそ昭和十年代のエリート軍人が持っていた光と影を体現した人物だったのかもしれません。

加藤　武藤はいわゆる自由主義的な既成政党の政党政治に絶望していたこともあって、昭和研究会系の知識人と相乗りができたのだと思います。近衛新体制の柱の一人でもあった社会大衆党の書記長、麻生久なども、社会の中・下層の人々の要求を汲み上げようとした。既成政党の政治には自らの利益を託せない層が、近衛新体制や、政治的な大政翼賛会を支持したのでしょう。彼らは近衛というシンボルのもとで自己実現を図ろうとしていた。立ち位置は違っても、基本的な意識の在りようは同じだと思います。

保阪　武藤が二十五期で、参謀本部戦争指導班の堀場一雄*や参謀本部作戦課長の服部卓四郎*、軍務局軍事課長の西浦進、軍務課高級課員の石井秋穂、それに秩父宮*などは三十四期。開戦時には、二十五、六期が局長クラスで、三十四期が課長クラス。つまり陸軍は、この二つの期が中心となって戦争を進めていった、という感じすらしますね。

加藤　昭和十五～十六年にかけて、参謀本部の幕僚たちと陸軍軍務局の軍人たちの情勢認識の差が非常に大きくなりましたね。参謀本部は日中戦争解決のためにこそ武力南進を考える。それに対して軍務局は日米交渉による日中戦争解決を考える。これは大きな差です。

半藤　武藤や堀場といった、ちょっと優秀な人間が頭角を現すと、他の者はみなその人材に頼ってしまうんですね。だから全体として陸軍の軍人さんたちがみんな不勉強になったんじゃないか、と思います。

それからもう一つ、海軍はすべての人事を海軍大臣が握っていますが、陸軍の人事は参謀総長が握っています。参謀総長は陸軍大臣の同意がなくとも、好きな人材を参謀本部に引き入れることができるんです。実際、三十四期の服部卓四郎や三十六期の辻政信は、昭和十四年のノモンハン事件のとき関東軍作戦参謀で膨大な被害をもたらし、いったん外に出されますが、十六年の夏までに参謀本部に戻り、服部は作戦主任としてこんどは南進政策を推し進めるのです。さらに服部が辻を作戦課に呼びよせようとする。当時の作戦課長だった土居明夫が猛反対すると、彼は作戦部長の田中新一によって外にだされてしまう。そして課長に服部、主任に辻というコンビで対米戦略を推進する。こういう海軍ではあり

堀場一雄（明治三十三～昭和二十八）昭和十二年三月、参謀本部部員（戦争指導班）、十四年十二月、支那派遣軍参謀、十九年六月、航空軍参謀副長。陸軍大佐。

服部卓四郎（明治三十四～昭和三十五）関東軍作戦主任参謀としてノモンハンにおける対ソ・蒙古軍作戦を指導。昭和十六年七月、参謀本部作戦課長に就任して以来、各作戦指導の中心となる。戦後はGHQ歴史課などで大東亜戦史の編集に従事する。陸軍大佐。

秩父宮雍仁親王（明治三十五～昭和二十八）大正天皇第二皇子。陸軍の幼年学校、士官学校、大学校を卒業し、歩兵三一連隊大隊長、大本営参謀などを歴任。昭和十五年、結核を発病し、以後、御殿場などで療養生活を送る。勢津子妃は会津藩主松平容保の孫。陸軍少将。

えない参謀本部の人事が、陸軍をおかしくしたんですよ。

福田　ただやっかいなのは、辻政信などにけっこう人望も能力もあったことです。清廉で、真面目だというので、石原莞爾なども高く買っていた。権力にすりよるタイプでもないのです。どこに行くにも行李一つで、部屋は下士官と相部屋。赴任先で、料理屋退治をやって、高級軍人や、現地の一旗組に嫌われていたが、その分、兵や下士官には慕われていました。そうでなければ、占領下に、潜伏してアメリカから逃げきれるわけがない。しかも講和後、衆議院をへて参議院にも出馬して全国区三位でしょう。当時の日本人にとって輿望を集める存在であったわけで、それを考えると、ネポティズム（縁故主義）だけではかたづかない、日本的組織の心性につながる問題と思います。

保阪　石原莞爾と辻だけには上官や上司のほうが遠慮して口をきいていたという証言を聞いたことがあります。一目置かれる存在だったのでしょう。

ジェネラリストの不在

中西　陸軍の参謀本部はよく「作戦重視で情報軽視」と言われます。しかし実はその作戦にしてもひどいものでした。統制派が粛軍人事で勝利を収め、その次の辻や服部の世代が大本営以下の組織をがっちり固めて戦争に突入する。少し遡れば武藤がいて、さらに遡れば東條、永田らのバーデン・バーデン世代がいる。彼らのいずれも戦争においては総力戦、つまり観念的には物量作戦を重視していたにもかかわらず、実際の戦争では補給を無視した。特に太平洋の島々で補給線が途絶えれば、部隊の大半は病死、餓死してしまう。実際、昭和十九年以降、百五十万から二百万近くの兵隊が補給線が絶たれたことで命を落としている。

半藤 餓死は全戦死者の七〇パーセントを占めていました。ひどいものです。

戸高 アメリカだったら大統領が刑事告訴されますよ。

中西 「補給」という考え方の継承を怠った、これは統制派の大きな罪の一つだと思うんです。ただ、ひとつだけ弁護しておくと、太平洋の島々での補給戦については、海軍の責任の方がずっと大きい。

半藤 確かにそうですが、海軍はあんなところまで陸軍が出ていくとは思わなかったんじゃないですか。

福田 でも、ガダルカナルまで行ってしまったわけですよね。無責任にも。

戸髙　海軍は最初、ガダルカナルへ行く気はまったくなかったんです。絶対国防圏＊であるマリアナ諸島よりも向こうのことは最初から考えていませんから。大体日本の海軍がガダルカナルの海図を作ったのは、ガダルカナル戦の後です。ガダルカナルで戦っているときは、英米海図のコピーだけでやっている。戦争準備のカケラもありません。

半藤　飛行機を飛ばしたら「あ、飛行場にできそうな、いい島がある」って、それだけの話なんです。

加藤　ただし、この陸軍と海軍の対立というのは、日本に固有の問題、というわけではありませんよね。

福田　これは普遍的な問題です。

中西　イギリスの場合は、第一次世界大戦の前に帝国国防委員会（ＣＩＤ）という国家戦略機構を戦時内閣の背後に置き、ここに大きな権限を持たせていきます。そこにはシニア・ステーツマン、つまり元首相や軍の長老が所属し、日本で言えば軍事参議官会議みたいなものに大きな権限を持たせました。そこを扇の要として陸海軍の連携をとることができた。それから第二次世界大戦時のチャーチル内閣は戦時内閣にして挙国一致内閣、しかもチャーチル本人が国防相を兼ねていますから、実に理想的でした。

一方、アメリカは日本と本質的には同じ問題を抱えていました。なにしろ太平洋と大西洋、ヨーロッパと極東、そして海軍のニミッツと陸軍のマッカーサー。戦線が桁はずれに広いだけに、さまざまな意思が衝突する場面がありました。ただ物資や資源配分については、日本のようなことはない。それにいくら揉めたとしても、最後は大統領のルーズベルトが介入すればそれでおしまい。国家の最高意思が明確に機能していたので、身内同士の衝突は避けられたのです。

福田　陸軍にしても海軍にしても、対米開戦の世代になると、ジェネラリスト的な資質を持った人材がほとんどいなくなってしまったことも大きかったですね。明治期の樺山資紀《すけのり》*のように、西南戦争時は陸軍の参謀長で、日清戦争時には海軍の軍令部長を務め、初代

絶対国防圏　昭和十八年九月に設定された。東はマリアナ諸島、西はビルマ、南はスマトラ、北ニューギニアあたりを含むが、十九年七月のサイパン陥落により崩壊した。

樺山資紀（天保八〜大正十一）戊辰戦争に従軍後、陸軍に入り少将まで昇進するが、海軍に転じ海相、軍令部長など。内相、文相なども歴任。白洲正子は孫。伯爵、海軍大将。

台湾総督や海軍大臣も務めているような、そんな極端に幅の広い経歴は望むべくもありませんが、陸海両軍全体、日本と国際社会を視野に入れて考えて動くことができる軍人がまったくといっていいほど見当たりませんでした。

加藤　チャーチルにしろルーズベルトにしろ、彼らは第一次世界大戦の時に海軍大臣、あるいは海軍次官としての経験を重ねています。チャーチルは、すでに二十六歳のときに三つの戦争に従軍し、五冊の本を上梓していた。日本において、その指導者のレベルと同じくらいの経験を積んでいるのはおそらく昭和天皇しかいませんね。チャーチルのように陸軍士官学校を出ているような文官政治家はいなかったのではないか。いっぽう軍人政治家の場合も、軍だけでなくさまざまな場数を踏んで、体制の変化、各組織の調整などを率先して行えるようなエリートを、残念ながら日本は組織として生み出せなかった。

5 大元帥陛下・昭和天皇の孤独

明治以降、天皇は日本の軍隊を率いることになった。「軍人勅諭」には「朕は汝等軍人の大元帥なるぞ」とあり、大日本帝国憲法には「天皇は陸海軍を統帥す」とあった。統帥権は参謀総長、軍令部総長の輔弼《ほひつ》のもとに行使され、政治が口をはさむことは許されなかった。

しかし、軍は天皇の号令一下、整然と行動するわけではなかった。とくに陸軍は時として大元帥である天皇の意思にそむき、天皇を悩ませた。昭和十一年二月二十六日、陸軍の青年将校たちが「大御心」にかなうと信じて反乱をおこしたとき、天皇は自分が近衛師団を率いて討伐するとまで言って激怒をあらわにしたが、これは例外的なことで、天皇は立憲君主として軍の行動を追認するのが常だった。ここに天皇のジレンマがあった。

古代はともかく、それ以後の歴代天皇でこのような苦渋を味わったのは昭和天皇だけではなかったろうか。明治以前の天皇は「文」のなかに生き、「武」とのかかわりなどもたなかった。維新後も明治天皇は卓越した輔弼の臣下に恵まれ、大正天皇は治世が短かったこともあり、苦しい判断を迫られることはなかった。昭和天皇だけが異例の状況にさらされてしまったのである。それは昭和戦前期という時代の異常さがもたらしたことであったにちがいない。

章扉＝昭和三年、昭和天皇海軍御正装

半藤　では、明治憲法下にあって国家の統治権を総攬し、同時に陸海軍を統帥する存在だった昭和天皇は、大元帥としてどのような形でこの戦争に臨んだのでしょうか。福田さんは現在「昭和天皇」を連載されていますね。

福田　先ほどの陸海軍の不一致、あるいは統帥権問題に象徴される政府と軍の関係もそうですが、日本の敗因としてよく語られる国家の統合点あるいは中心点の欠如、核の不在といった難題を、一番切実に意識していたのは昭和天皇でしょうね。

明治維新政府であれば、明治天皇だけでなく伊藤博文がいて、山県有朋もいて、官庁や軍、政党、経済界などを横断的にまとめることができた。彼らが作った大枠の中で、代議制による政治権力が徐々に藩閥にとってかわっていく。議会制民主主義のもとに国家の求心力を作り出す体制がある程度形になってきたのが第一次世界大戦末期に成立した原敬内閣の頃でした。ところが原が暗殺されることで政党政治は大きく後退を余儀なくされます。

さらに政党の地盤が整わないうちに普通選挙が実現して大衆社会化が一気に進んでしまう。軍人エリートも、要するに海軍兵学校を出ようが、陸士を出ようが、みんな一人の大衆でしかなくなってしまう。中心点たりうる資質を備えた人材であっても、所属組織の発想や利益に埋没してしまって、社会の統合点がどこにも見当たらなくなった。

昭和天皇は、そういった時代状況を把握した上で、牧野伸顕*、木戸幸一*内大臣ら側近の支持のもと、自らをその社会の統合点たるべく振る舞おうとしていました。特にその初期においてはさまざまな蹉跌を踏みますが、敗戦までにはタフな政治リーダーとして世に立ち現れていった。もちろん明治憲法体制下において、そういった役割を天皇に期待してよいものか、といった問題はありますが、とにかく天皇は昭和の日本に集中点がないことについて、極めて強い意識を持っていたと思います。

天皇と大元帥の一人二役

中西　私は、昭和天皇という人は徹頭徹尾「明治人」であった、と思います。もちろん正真正銘、明治生まれの明治人なのですが、それ以上に明治人としての教育をしっかりと受けていました。学習院初等科の院長は乃木希典*、東宮御学問所では東郷平八郎。さらに大正の終わりに摂政になられてからは、例えば清水澄《とおる》*、国際法、外交史でいえば立作太郎*など、明治日本が西欧から吸収した人文科学、社会科学の一番堅実かつ開明的な人材の薫陶を受け続けるわけです。

いっぽう「明治人」でありながら、同時に「二十世紀人」でもあったから、昭和天皇は革命でいくつもの王朝が倒れるところをその目で見なければならなかった。十一、二歳の

牧野伸顕（文久一～昭和二十四）オーストリア公使、第一次山本内閣外相などを歴任した後、大正十年二月、宮内大臣、十四年三月、内大臣となって、宮中、天皇側近で大きな役割を果たす。二・二六事件のときは反乱部隊に襲撃された。大久保利通の次男。伯爵。

木戸幸一（明治二十二～昭和五十二）商工省部長から牧野内大臣秘書官長になる。第一次近衛内閣文相、厚相、平沼内閣内相などを経て、昭和十五年六月、内大臣。戦後、A級戦犯となり、東京裁判で終身禁固に処せられるが、三十年十二月、仮釈放。木戸孝允の孫。侯爵。

乃木希典（嘉永二～大正一）第二師団長、台湾総督、日露戦争で旅順を攻略した第三軍司令官などを経て、皇孫裕仁親王（昭和天皇）が在学していた学習院院長となる。明治天皇大葬の日に妻と殉死する。伯爵、陸軍大将。

清水澄（明治一～昭和二十二）学習院教授などを経て、大正九年一月、東宮御学問所御用掛。皇太子時代の昭和天皇に憲法学を教える。昭和二十一年六月、最後の枢密院議長。

立作太郎（明治七～昭和十八）東大法学部教授として外交史を講じる。大正十年九月、東宮職御用掛。ワシントン海軍軍縮条約会議随員なども務める。

ころに辛亥革命*で清朝が倒れ、第一次世界大戦ではハプスブルグ*、ホーエンツォレルン*、ロマノフ*の各王朝が倒れます。この「革命体験」は大きい。明治天皇のような強い天皇像が模範としてあったとしても、この時代にあってリーダーとして前面に出て国家の舵取りをしてゆくと、常に「革命」というリスクが伴う。実際、『昭和天皇独白録』でも天皇は再三「内戦への恐怖」を語っています。テロあるいは敗戦よりも革命的な内戦が起こることを恐れざるを得なかった。この感覚は、あの戦争の終戦まで天皇の意識の中で大きな部分を占めていたように思います。

半藤　二・二六事件という「内戦」もありましたね。昭和天皇という方は気の毒な方だと思うんです。明治十二年ごろ、天皇陛下が同時に大元帥陛下であることが決められ、明治十五年の「軍人勅諭*」に「朕は汝等軍人の大元帥なるぞ」という文言を見つけることができます。これらの制度は、まさに明治天皇を想定して作られています。さらに明治四十三年に皇族身位令*が発布され、皇太子および皇孫は十歳になったら陸軍および海軍に入ることになった。この身位令の適用を受ける、最初にして最後の天皇が昭和天皇でした。十一歳のときに陸軍少尉兼海軍少尉となり、それからほぼ一年ごとに中尉、大尉、少佐、中佐と昇進し、大正十五年、大正天皇が崩御されたときは大佐で践祚して、そこから一挙に大元帥となりました。

ところが、大元帥というものが一体どういうものなのか、その実際や詳細は一切何も決まっていませんでした。「軍の統領は大元帥である」ということだけで、どのような役割、

辛亥革命　一九一一年十月十日の兵士の暴動を発端とする清朝打倒の革命。翌年一月一日、南京に孫文を臨時大総統とする中華民国臨時政府が樹立された。辛亥は一九一一年の干支。

ハプスブルグ家　十三世紀後半から神聖ローマ帝国、オーストリア帝国皇帝の座を占める。一九一八年、第一次大戦敗北によりカール一世がオーストリア皇帝を退位して滅亡。

ホーエンツォレルン家　プロイセン国王ヴィルヘルム一世が、一八七一年にドイツを統一しドイツ帝国皇帝。ヴィルヘルム二世が起こした第一次大戦に敗れ滅亡。

ロマノフ朝　一六一三年、ミハイルがロシア皇帝となり成立。一九一七年、「二月革命」でニコライ二世が退位し滅亡。

軍人勅諭　明治十五年一月四日、天皇が陸海軍軍人に直接下した訓戒。軍は天皇に直属すること、軍人は政治に関与してはならないことなどを述べている。

皇族身位令　皇族の序列、叙勲、懲戒などについて定めた。第十七条で皇太子、皇太孫は十歳になるとかならず、また、皇族も特別の事情がないかぎり十八歳になると陸海軍武官に任じられることなどを規定。

権限を持っているのかは何もわからないままに、とにかくあの方が軍人天皇なのだ、ということで教育されてきたんです。

戸髙 大元帥という存在そのものの依《よ》って立つところが曖昧ですね。元帥府条例*を見ると、元帥は「天皇陛下の最高顧問」となっています。となると、天皇陛下が大元帥ということは、「自分自身の最高顧問」ということになります。一人二役というか自家撞着というか、非常におかしな立場ですよね。昭和天皇が大元帥の服を着ているときは天皇陛下の顧問であり、その瞬間において天皇陛下ではなくなってしまうのですから。この辺は良く考えると天皇制の本質に関わる部分があるようにも思っていますが。

加藤 大変に貴重な指摘だと思います。当時、そのことに気付いていた方はいるんですか。

半藤 大元帥というものは、法的に明記されていないものです。ただし一つだけ、昭和十八年に、服装令の中に「大元帥服はこうする」という形で法的に規定されている。それ以外の法的根拠はどこにもありません。

福田 ただ、日本史の中では異常ですが、軍人天皇という制度自体は、国際的にはスタンダードですよね。ヨーロッパの王様は、少なくとも陸軍元帥、海軍元帥にはなりますし、イギリスの王室は、日本の皇室よりも厳しい軍事訓練を受けています。

中西　日本はプロイセン方式をモデルにしているはずです。しかしプロイセンは、ドイツ帝国になってからも同じように、カイザー（皇帝）であるウィルヘルム二世は制度的にも実際上も宮中に参謀本部を置いています。カイザーが実質的にも大元帥として、国家機関としての役割をしっかりと果たしていたからです。しかし、日本では統帥権*は名目上天皇にありながら、山県は「宮中に口を出させない」ために宮城の外に参謀本部を別に作った。つまり実質上、天皇は統帥権と切り離されていた。ここが国家の統合点が失われてしまった最大の原因です。大元帥服という「服はあれども権限は一切なし」ということですから。

さきほど半藤さんも触れていましたが、「軍人勅諭」には「朕は汝等軍人の大元帥なるぞ」という精神句はある。つまり国家機関としては実質的に何の権限もないが、精神的主

元帥府　明治三十一年一月に設けられた天皇に対する軍事上の最高諮問機関。陸海軍大将の中から選抜されたものが元帥になる（大将になった皇族の軍人はかならず元帥に）。敗戦までに元帥になったものは陸軍十七名、海軍十三名。陸（海）軍元帥とは言わない。

統帥権　軍を統率、指揮する最高の権能。戦前は天皇が参謀総長、軍令部総長の輔弼のもとに行使し、政治の介入を許さないことになっていた。

体としては〝大元帥〟である。この巧妙な使い分けも山県が策したところかもしれません。そのことも、この文句に表現されていたのではないでしょうか。

半藤　陸軍統帥部は、この昭和天皇の大元帥という形を十二分に活用しました。司馬遼太郎さんのいう「魔法の杖」としての統帥権を独立させ、軍と政治を別物として、同時に帷幄《いあく》上奏権を確立します。帷幄上奏権とは、軍の大方針を決める軍令組織の長、つまり、陸軍参謀総長、海軍軍令部総長は、総理大臣の裁可を経ることなく、天皇に直接上奏できるという権限です。

加藤　帷幄上奏権の運用を見ていきますと、実際のところ侍従長、侍従武官長のガードが非常に堅い。鈴木貫太郎*侍従長と奈良武次*侍従武官長は満州事変のとき、金谷範三参謀総長が帷幄上奏で朝鮮軍の越境*について奉勅命令を取ろうとすると、内閣の閣議決定がされていない奉勅命令は天皇が許さないだろうということで、金谷総長や南次郎陸相を自分たちのところで止めてしまいます。統帥権は参謀本部が独立して握っているんだけれども、ギリギリのところで宮中が機能して、天皇の意思をあえて明確にしない形で各権力のバランスをとった、とでもいいましょうか。

福田　牧野内大臣や鈴木侍従長が忠臣であったことは確かですが、たとえば昭和五年、ロンドン海軍軍縮条約の時の加藤寛治軍令部長の上奏阻止、＊あれは見方を変えれば「勇み足」ともとれます。かなり込み入った話ですから一概に評価しづらいところではあるんですが。

戸髙　ただ昭和天皇自身は、この曖昧模糊とした制度の中で「自分は天皇なのか？　大元帥なのか？」というところでは、やはり悩まれたと思います。そして、場面場面で割り切ろうとしている。ご自身、中西さんも御指摘のように、実にニュートラルな、いい教育

鈴木貫太郎（慶応三〜昭和二十三）連合艦隊司令長官、軍令部長などを経て、昭和四年一月、侍従長。二・二六事件で反乱部隊に襲撃され重傷を負う。十九年八月、枢密院議長、二十年四月、首相。たか夫人は昭和天皇幼少時の御養育掛だった。男爵、海軍大将。

奈良武次（明治一〜昭和三十七）陸軍省軍務局長、東宮武官長などを経て、大正十一年十一月、侍従武官長となる。戦後、枢密顧問官。男爵、陸軍大将。

朝鮮軍の越境　昭和六年九月十八日、関東軍の陰謀により満州事変が起きるが、同月二十一日、林銑十郎朝鮮軍司令官は独断で朝鮮駐屯の第二〇師団を国境を越えて満州に進撃させた。明らかな陸軍刑法違反だが、林はいかなる処分も受けず、後に首相となる。

軍令部長の上奏阻止　鈴木侍従長らは、帷幄上奏権にもとづき軍縮条約反対の意見を述べようとした加藤が天皇に会うことを阻止した。

を受けていますよね。侍従武官府で五年あるいは十年ごとに活字にして秘密裡に出版されている『侍従武官府歴史』には御進講記録というのがあって、誰がいつどのような御進講をしたのか、そのタイトルだけがわかるようになっている。それを見ても、極めて広い範囲で、君主としてどこに出しても恥ずかしくない立派な教育を受けていることがわかる。それなのに、権限や形の定まらない組織にはめ込まれてしまうのですから、さぞ往生なさったのだろうなと思います。

保阪　実は私も近刊で昭和天皇の本を刊行するのですが、この何年か具体的に調べていて、戸髙さんの意見にまったく賛成ですね。君主としてきわめて真摯にふるまおうとすればするほど迷路に入ってしまうとの感がしてなりません。

半藤　これは仮説ですが、昭和天皇はそのあたりを十分に心得て振る舞っていたのではないでしょうか。二・二六事件のとき、天皇はその第一報を、御自身の元養育掛で鈴木貫太郎夫人になっていた、たか（旧姓足立）から早朝聞かされる。そして表御座所にお出ましになると、わざわざ軍服を着ていらした。いつもは背広姿ですから。そこで「これは反乱軍だ。討伐せよ」と命令するわけです。その時の天皇は、「これは軍事問題であって内政問題ではない。だから大元帥が処理すべきだ」と考えた。だからこそその軍服だった。

中西　そのときは、岡田啓介首相即死の報（実際は生存）が入っていたからではないですか。

半藤　いいえ、まだ伝わっていないときです。「軍が内乱を起こして侍従長を襲った」ということだけが入っている。ただ重傷を負った鈴木貫太郎侍従長を天皇は実の父親のように慕っていましたから、ものすごい怒りを感じていたとは思いますが。

戸髙　昭和天皇は陸海軍をあまり信用していないようなところがありましたね。昭和八年に海軍軍令部長が軍令部総長*に格上げになって、形の上では陸軍の参謀総長と互角になりますが、そのことを昭和天皇はとても嫌がっていました。だからでしょうか、海軍大臣の大角岑生《みねお》が決裁文書を持っていくと、葉山に行ってしまって、なかなか裁可の印を押さない。そこで大角は葉山まで陛下を追いかけていくんです。そこで「どうしても押していただきたい」と申しあげたら、実にイヤな顔をして「陸軍みたいなことにならんだろうな」とはっきりおっしゃっている。大元帥としての天皇は、ご自身が陸海軍統帥部の「自

軍令部総長　海軍の軍令機関である軍令部の長。陸軍の参謀総長に当たる。明治以来、軍令部長と称していたが、昭和七年二月、伏見宮博恭王が就任したのを機に、八年十月、総長と改称。

動決裁装置」になりかねない、そんな状況に危惧感を抱いておられたのではないでしょうか。

保阪　昭和天皇は、戦時下の勅語の出し方についても、天皇陛下が出したものと、大元帥陛下が出したものとできちんと分けています。個別に検証していくと分かりますが、天皇自身が昭和二十年の秋、侍従次長だった木下道雄に勅語についての自らのお考えを話していますよね。自分が今までに出した勅語について、東條はじめさまざまな人間が口をはさんできたが、それに応じることはなかった、結局彼らに応じて出したのはいくつかに限られている、これは「幸いなことである」と。ここにも昭和天皇の戦術的配慮が感じられます。

終戦の聖断をめぐって

半藤　昭和天皇が、天皇陛下と大元帥陛下という二つの立場を明確に分けて振る舞っていた中で、最も日本人の心に残っている場面は、終戦の時ですよ。昭和二十年六月八日に、ドイツ降伏後の日本の政策をきちんと決めよう、ということで御前会議が開かれ、あくまで戦争完遂、最後の一兵まで徹底抗戦することを国策として決めたとき、会議の席での昭和天皇は例のごとく黙ったまま。しかし会議から戻ると木戸の前に「こんなものが決まったよ」と言って、徹底抗戦と記された紙を投げ出します。木戸はそこで「陛下の本心は和平にあり」と考え、自分なりに和平の構想を練りはじめますが、東郷茂徳外相は「先日の国策決定をひっくり返さなければ、和平工作もやりにくい」という。そこで鈴木貫太郎首相が一案を講じて、御前会議ではなく、天皇陛下から閣僚を呼んでもらっての「懇談の席」を六月二十二日に設けるわけです。天皇は初めて和平方針を口にする。

ここで指摘しておきたいのは、六月八日の御前会議時の天皇は大元帥として「戦争完遂」を決めていたのに対し、六月二十二日の懇談の席では、統治大権を持っている天皇陛下が講和、和平を考えて指示した、ということなんです。

中西　昭和天皇はまさにここで一人二役を演じられたということですかね。

これは、なぜ日本が戦時に皇族総長を置かなかったのか、という問題にも重なってくる大事なポイントかもしれません。さきほどはプロイセンのケースを引きましたが、日本の憲法体制、統帥システムは、そのプロイセンの体制と、イギリスの議会憲法下の体制の中間的なものだ、と考えると理解しやすい。十九世紀前半のイギリス海軍の統帥権は内閣が握っていますが、陸軍は内閣の外にある。そして軍政・予算面は内閣が管掌しますが、軍令面は王室が握っているのです。たとえばヴィクトリア女王の時代には、従兄弟で非常に大きな力を持ったケンブリッジ公が王族総長として参謀総長、大元帥の任につき、女王を支えました。なぜかといえば、これはピューリタン革命の悪夢からくるもので、議会が議会軍を作って王室を攻めてきたらどうしよう、という恐れが王室の深いところに記憶として残っていたからなんです。

ただ、このイギリスのあり方をそのまま日本に持ち込むことはできません。戦争が迫ってくると皇族総長を立てることを日本は避けています。皇室に累が及んではならないということなのでしょうが、平民を総長にすると、天皇陛下一人に、大元帥と天皇陛下の使い分け、という難しいお役目を負わせてしまうしかなかった。しかし陛下はその役目を見事に果たされた、と思いますが。

半藤　軍はもう明らかに昭和天皇を大元帥としてしか考えていませんよね。自分たちの利害でしか、ものを考えませんから。

ポツダム宣言を受諾した後の八月十七日、海軍参謀の大井篤*が海軍省を訪れると、強硬派の軍令部参謀だった柴勝男とバッタリ出会う。「護衛艦隊はもう降参したのか！」と怒鳴られた大井が「天皇陛下がもうやめろと言っているじゃないか」と怒鳴り返すと、柴は

「天皇がああ言っても大元帥がまだいる。大元帥を使えば、まだ戦える」と言ったという。大井は「大元帥は天皇陛下の家来だ。そういうふうに思わなきゃダメなんだ」と言い返したそうですが、軍人の意識はそういうものだったんですね。

戸髙　結局、天皇陛下の天皇としての部分が、実は戦前の日本における「神」の部分だったんでしょうね。だから陛下は戦後すぐ「人間宣言」*をしなければならなかった。「神」であった天皇陛下の部分を切り捨てるために「人間宣言」をして人間になる。自らの存在を理性的に、構造的に捉えたときに、どうしてもあの宣言が必要だった。神としての天皇は、戦争をやりたくはなかったけれど、大元帥としての天皇は、国家運営上やらざるをえなかったわけですよ。

護衛艦隊　大井は護衛艦隊を指揮する海上護衛司令部参謀だった。

人間宣言　昭和二十一年元日、天皇は自分が「現人神」であることを否定する詔書を出した。天皇は後に、神格を否定したことよりも詔書のなかで「五箇条の御誓文」を引用したことのほうが重要だと述べた。

昭和天皇だけに見えていたもの

半藤　昭和天皇が主体的に自らの機能を果たして日本を終戦に導いた、ならばなぜ開戦を防ぐことができなかったのか、といったことをいう人もいます。でも、これはほとんど成り立たない議論ですよね。

中西　明治憲法的に法構成しても結論ははっきりしています。つまり昭和十六年の開戦に際しては、天皇の輔弼《ほひつ》も、輔翼《ほよく》も、つまり政府も統帥部も全て一致して開戦の決定をしていますから、明治憲法の建前からしても、天皇はその決定に口出しができない。もし天皇が独断で「日米戦争まかりならぬ」と言ってしまうと、それは上からのクーデターになりますからね。ところが昭和二十年の八月の場合は、最高戦争指導会議での意見がポツダム受諾派と降伏条件再照会派とで三対三に割れた。政府の意思決定が機能していないので、政府としての意思が存在しない、として、大元帥陛下ではなく、統治権を総攬する天皇陛下の御決定に全てを委ねたい、という鈴木貫太郎首相の進言がいわば「内閣の総意」としてあった。そこであの御聖断が下ったのです。このように構成すれば、すべては憲法通りです。

福田　確かに鈴木貫太郎が、テクニックとして会議を「三対三」に持っていったところは非常にうまかったと思いますが、大事なのはその時の客観状況が煮詰まってきていた、ということです。開戦時は客観状況として開戦の方向に進んでいました。この違いがやはり大きかった。

半藤　その通りです。近衛首相が開戦を阻止する最後の賭けとして、ルーズベルトとの頂上会談による和平を画策したときに、陸軍は近衛暗殺部隊を作っているほどですから。

加藤　開戦前の十月〜十一月にかけて陸海軍が天皇を開戦の方向に説得するためにかけた攻勢にはすさまじいものがありましたね。この時期、両統帥部は、天皇を安心させる数字とレトリックを駆使し、持久戦になっても海上交通線の保護は可能だと述べた。また、日本が独ソ和平を斡旋すれば、イギリスが屈服しますよ、ともいった。

保阪　なぜ対米開戦が避けられなかったのかという問いを立てたときに、たとえばさきほどの話や、開戦通告前にルーズベルトからの親電をきちんと天皇に届けていれば戦争はなかった、といった俗説が戦後もいくつか流布しましたよね。そういった俗説の皮膜のようなものが、今になってやっと取れてきている。だから私も、昭和天皇の懊悩に今さらながら気付いているところです。調べれば調べるほど根元的なところにいきつく問題意識をもっていると思う。そこのところは今もなお解明されていないのじゃないか。おそらく、近衛にも、東條にも、あるいは側近の木戸にも見えなかったものが、昭和天皇には見えていたんじゃないでしょうか。それは広義には「歴史」といっていいわけですが……。

福田 それだけに孤独だったと思います。明治天皇には伊藤や山県もいましたが、昭和天皇にはいなかった。堂上公家*の筆頭で最も頼られてしかるべき、近衛文麿はあの体たらくでしょう。先日、京都の山の方にある近衛の別荘だった陽明文庫に行ってきたのですが、藤原道長の文書をはじめとする近衛家に代々伝わってきた家宝を、昭和十三年の段階でそこに移しているのです。おそらく戦災を恐れてのことでしょう。いかにも近衛らしいエピソードです。

半藤 昭和天皇だけが見えていたといえば、たとえばガダルカナル戦のとき、陸軍部も海軍部もさして重大視をしませんでした。ところがあの時、那須にご静養に行っていた天皇は報告を受けて「これは大問題だ」と言った。ガダルカナル以降のアメリカの反攻について、誰よりも早く覚悟していた。

保阪 私は天皇を「記憶」を背負った存在だと位置づけています。臣下はいくら代わったとしても、皇統は連綿と一貫して続いていく。だから天皇が「神」のような存在である、というその言葉の裏には、人智を超えた「記憶」の集積がある。実際昭和天皇も、その「記憶」が御自身に託されていることをよく知っていた。だから戦時中の戦況報告についても、書類をじっくり見ながら、細部にわたって質問を加えていく。しかもそれは、ある師団がどこに行っている、といった情報を頭の中にきちんと入れた上での、非常に精緻な質問だったりする。

戸高　この間の報告と話が違うじゃないか、と。

保阪　どうしてあの部隊を出さないのか、といったような。その記憶のキャパシティが我々の人智を超えているという意味で、確かに昭和天皇は「神」かもしれない……。しかも、その「記憶」が自分の存立基盤にあるんだ、という自己認識を強く持っておられたとも思うんです。杉山元参謀総長がガダルカナルについてどんなおかしなことを言っても冷静にチェックしますし、東條が物事をうまく説明することもよく分かっていて、この人物

堂上公家　京都御所の清涼殿殿上間に昇ることを許された廷臣のこと。一般には公家と同じ意味。近衛家はその中で最も家格の高い五つの摂家の筆頭の家柄であった。

の言葉は信用できる、この人物の言葉はできない、と峻別しておられる。

福田　ただ、その峻別がすべてうまくいったか、といえばなかなか評価が難しい。たとえば張作霖爆殺事件のとき、あるいは満州事変のときはどうだったのか……。いずれにしても、昭和天皇があの戦争において能動的な働きを果たしていたことは確かですね。

加藤　昭和天皇は歴史をものすごく熱心に学んでいます。特に古戦史がお好きでした。開戦前の昭和十六年九月五、六日あたりでしょうか、「帝国国策遂行要領」決定の際、永野修身軍令部総長が大坂冬の陣の話を持ち出して「日米交渉でアメリカの妥協案に乗ってしまうと、豊臣方が徳川方に大坂城のお堀を埋められてしまったように、翌年にはもう手も足も出なくなってしまいます」と説くと、天皇は、興味深く聞き入ったそうです。また十一月十五日には、海軍側の説明「桶狭間にも比すべき奇襲作戦」という声にも敏感に反応している。

保阪　歴史、法律などの勉強を続け、また具体的な経験を日々重ねていくことで、昭和天皇は君主というものの輪郭を明治憲法の枠内でしっかりと打ち立てることができたのだ、と私は思っています。その上で敗戦を迎えたことで、軍事主導の国家体制が解体して民主主義体制へと移行するときには、「これは戦いである」という認識を天皇御自身で持たれたのではないでしょうか。「戦い」といっても、むろん軍事的な戦いではなくて、「軍事的敗北の後、それが政治的にどこまで影響を及ぼすのか」という局面での「戦い」であって、アメリカン・デモクラシーに直面した天皇としては国民が「市民にはならない」ことが絶対条件としてあったと思うんです。少なくとも臣茂と称した吉田茂などはそういう考えを理解していた。これは私見なのですが、占領期に昭和天皇はその「戦い」に勝利したと私は思う。もしかすると、戦後の占領という時間と空間のなかで、ある時期までは、昭和天皇だけはあの戦争に勝ったのかもしれません。

6
新聞も国民も戦争に熱狂した

古今東西を問わず、世論というものは時として無責任である。それを形成するのに大きな影響をおよぼす新聞、雑誌なども同じだ。戦中でさえ軍部批判をやめなかった言論人はいたが、それは暁天の星のごとき例外で、多くのジャーナリストや文筆家は沈黙を守るか、積極的に軍部の尻馬に乗り、戦争を賛美した。

新聞は軍部の指導者にも優しかった。昭和十六年十月十九日付の東條内閣成立を伝える「朝日新聞」夕刊は、「家庭では実に好好爺……孫を可愛がり……案外芯は優しい」という長男の東條評を載せている。同じ紙面で兵学校同期生によって「円満で、平凡の非凡さをもつ時局にふさわしい海軍大臣」と称えられているのは、嶋田繁太郎海軍大将である。対米英開戦までわずか二カ月弱前、言論はずいぶんノンビリしていた。

戦況が悪化するにつれ、重臣たちの間から東條批判の動きがあらわれる。しかし、新聞などがそれをバックアップしたり、積極的に報道することはなかったから、世論に支えられた反東條運動などおこるはずもなかった。東條内閣は十九年七月に崩壊するが、戦争はそれから一年以上も続き、結局、「聖断」という形で終わることになった。そして、東條、嶋田はA級戦犯容疑者として逮捕され、世論も一変する。

章扉写真／共同通信社

福田　戦争の責任は軍人だけにあるものではありません。あの戦争が勝算なきものだとしたら、政治家は、そして国民はなぜとめられなかったのか。忘れがちなことですが、実は、昭和の初めは、日本の政党政治の黄金期なんですね。

大正七年の原敬＊内閣から、犬養毅首相が昭和七年に五・一五事件で暗殺されるまでのわずか十四年間ですが、このころの国会議論の質の高さは、現在と比較すると、同じ日本の政治家とは思えないほどです。政友会と憲政会が交互に首相を出し、イギリス議会政治を範とする二大政党制が実現された時期でもある。

さきほども述べましたが、もし原敬が大正十年に暗殺されず、彼の政治が後の政治家たちに継承されていけば、その後の日本はずいぶん違ったように思うんです。議会の多数党を背景とする総理大臣が、政治だけでなく官僚組織や宮中、そして軍部の人事権もある程度は握っていくという、新しい国家統合のかたちを作り上げつつあったことにあります。

原敬（安政三～大正十）外務次官、駐朝鮮公使、大阪毎日新聞社長などを経て政界入り。政友会幹事長、第四次伊藤内閣逓信相、第一、二次西園寺内閣、第一次山本内閣内相などを務める。大正三年六月、政友会総裁、七年九月、首相になり、実質的に日本初の政党内閣を組織するが、十年十一月、暗殺される。『原敬日記』は近代政治史の重要資料である。

これは総力戦の時代を迎える国際情勢の中では不可欠のことでした。しかし、彼の死後再び日本の各セクターはバラバラになり、「一致団結するのは宣戦布告のときだけ」という国家になるしかなかった。

原敬以後も、「オラが総理」田中義一*や「ライオン宰相」浜口雄幸*は、首相の権限を回復しようと努力しました。彼らには、近代化によって強大な国になりつつある日本を、一点で大づかみにする政治的求心力があったと思う。しかし、五・一五で「憲政の神様」犬養毅が暗殺されると、敗戦まで政党政治は機能しませんでした。

加藤　たしかに『原敬日記』を読むと、原の偉さがわかります。すごく小まめに軍人に会うんですね。シベリア出兵のときには、現地から帰ってきた軍人がいれば少将・大尉クラスでもすぐ面会する。中国で南方の革命派や北の北京政府側と会ってきた人がいれば呼び、情報を聞く。『浜口雄幸日記』における軍人との面会の少なさと較べると、ずいぶん差があります。

しかし、原敬の国家統合スタイルとは、制度化されうるものではなく、原敬個人の資質によるところが大きいんじゃないでしょうか。

福田　なるほど、そこは厄介な問題ですね。天皇の資質もからんでくる。しかし、大正十四年には普通選挙法ができて、成年男子は誰でも一票もつという時代になってきます。選挙権に納税額が関係なくなり、労働階級を代表する無産政党も登場する。はじめて政治が大衆の手に降りてきたときに、その全体を大づかみに統合できる勢力がなかったのは、痛いですよ。だから、大正期には常識だった美濃部達吉の「天皇機関説」*が、のちに政治問題化され、しまいには「天皇陛下を機関銃にたとえるとは」とトンチンカンに憤慨する輩まで出てきても、流れが止められない。

田中義一（元治一～昭和四）陸軍省軍務局長、原内閣の陸相などを経て、大正十四年四月、政友会総裁。昭和二年四月、首相兼外相。三年六月の張作霖爆殺事件の処理の不手際で昭和天皇の不興を買い辞任。「オラ（自分）が、オラが」が口癖だった。男爵、陸軍大将。

浜口雄幸（明治三～昭和六）大蔵次官などを経て代議士に。第一、二次加藤高明内閣蔵相、第一次若槻内閣内相を歴任し、昭和四年七月、首相。五年十一月、暴漢に襲われ重傷を負う。民政党総裁。

美濃部達吉の「天皇機関説」　東大法学部教授、貴族院議員の美濃部達吉（明治六～昭和二十三）は国家有機体説にもとづき、天皇は国家の機関であるという説を唱えていた。この考えは学界や官界でも一般的だったが、昭和十年二月、貴族院で一部の右翼的議員が天皇機関説は国体に反すると攻撃し、政治問題化した。岡田内閣は機関説反対を表明し、美濃部は不敬罪で告発され、著書は発禁となった（後に起訴猶予）。

半藤 まあ、今の「郵政民営化」みたいなもんですな。言葉だけひとり歩きする。

福田 無産政党のほうが、資本家階級よりも、戦争には積極的でした。満州事変にまっ先に賛成したのも、社会主義者たちです。戦争は、雇用を増やしますからね。自分たちに失うものはないから。こういった場あたり的な流れをコントロールできる人が誰もいない。本来ならば、政党政治と、新聞をはじめとするメディアが、軍部に対抗しチェックする。それによって軍もよくなるんですね。イギリス海軍は、議会にいじめられ続けてきたから、世界一になった。

政党腐敗を怒る大衆

中西 政治が大衆化するなかで、政党が腐敗して、国民の信頼をまったく失いますね。昭和四年の後半なんて汚職のオンパレードですよ。朝鮮総督の山梨半造が収賄で検挙された「朝鮮総督府疑獄」、前賞勲局総裁の天岡直嘉が売勲詐欺に問われた「勲章疑獄」。「五大私鉄疑獄」では小川平吉鉄道相、この人は宮沢喜一さんのお祖父さんですが、ついに現職大臣まで起訴されます。

この時期、昭和天皇に侍従が決裁書類を持ってあがると、ひとり机の前で応対もできないほど悄然としておられた、という記録があります。従三位や正三位に叙せられた高官があいついで汚職に問われたわけですから。

当然、大衆からは大反発が起きる。「昭和維新の歌」*なんて、政党政治を敵視する流行歌が登場するのもこの頃です。

半藤　「♪権門上に傲れども国を憂うる誠なし財閥富を誇れども社稷を念《おも》う心なし」という歌ですね。いや、僕は生まれたばかりの頃だから、歌ってたわけじゃないんだけど(笑)。

昭和初期の汚職ラッシュ、政党腐敗には必然性があります。初めて男子普通選挙が行われたのは昭和三年で、有権者は約千二百四十一万人と、一挙に四倍に増える。ここで、選挙というものの性質がまったく変わったんですよ。

保阪　当時の選挙は、ある地域にいくら金まいたら何票とれるか、きっちり計算できた。

昭和維新の歌　「青年日本の歌」が正式な名。昭和七年の五・一五事件で犬養毅首相を射殺した三上卓海軍中尉が昭和五年に作詞作曲した。革新派の青年将校らに愛唱された。

選挙というより地域のボスによる買収合戦でしょう。有権者にも責任があると思いますよ、どんどん票を売っちゃったわけだから。

福田 選挙にからむ暴力沙汰も多いですね。院外団*という、態のいいゴロツキ集団もいましたし。

保阪 先ほど軍について話したとき話題に上った昭和十年代の軍人たちは、同時期の政治家と較べると、相対的に識見が高いわけです。「政党政治」という言葉から、僕らはつい戦後の目で見てしまうけれど、当時のほとんどの政治家は、経綸や人格識見なんて関係ないという形で選ばれているのではないか。

加藤 でも不思議なのは、政党腐敗はこのとき急に出現したわけじゃないでしょう。たとえば明治三十年代でも、教科書疑獄で百五十人以上起訴されたり、県知事や各政党の汚職なんて、枚挙にいとまがない。でも昭和初期になると、政党腐敗が突如としてクローズアップされてきて、財閥に対する批判とあいまって、国民の怨嗟の的になりますね。

実はその理由の一つは、二大政党制*になったからじゃないでしょうか。敵の政党に最も簡単にダメージを与えるには、スキャンダル合戦が一番いいわけです。

二大政党制の慣習が確立したことが、逆に倒閣の道をたやすくし、さらに国民に政党腐敗を見せつけたというのは、政治史の皮肉だと思うんです。

保阪　加えて、議会で政敵を論破するときの約束事がないから、突拍子もない論点を突きますよね。たとえば、昭和五年の論戦で、政友会の鳩山一郎が、民政党の浜口雄幸内閣がロンドン海軍軍縮条約に調印してきたのは、統帥権の干犯だと攻める。その論戦を聞いて、軍縮に苦しむ軍の側は、初めて「そうか、統帥権干犯と言えば何でも通るのか」と気づいてしまうんです。政争によって、結果的に軍に言質を与えて、軍の勢力増大に寄与する場面がしばしばあった。

福田　政治スキャンダルが大問題になるのは、大衆社会が出現したからでもあります。第一次大戦後の好景気と、関東大震災による都市構造の変化によって、都市人口が急増し、メディアが勃興してきたから、スキャンダルが話題になる。賄賂じたいは江戸時代から連

院外団　国会議員以外の政党員の集団で自由民権運動期から存在した。大正初期の桂内閣打倒運動などで大きな役割を果たしたが、徐々に暴力団的体質も帯びていった。

二大政党制　昭和二年六月、憲政党や政友本党が合同し立憲民政党（民政党）が誕生した。同党と明治三十三年に結成された立憲政友会（政友会）の二大政党時代の開始である。

綿と続く伝統ですし、女性問題なら、明治の元勲には性犯罪者スレスレの人もいますから。初代総理とか。

中西　もうひとつ、大衆社会と同時に、大正デモクラシーの高まりが昂じて、左翼の「反議会イデオロギー」もドッと出てくるんですね。大正七年に吉野作造*が後援して新人会*が誕生しますが、すぐに社会主義・共産主義の運動に傾いてゆく。大正十一年には、コミンテルン*の対日指示により、第一次共産党が誕生しますが、新人会から多くのマルキストが輩出します。そして「ブルジョア議会制打倒」という二七テーゼを採択するのが、昭和二年です。

この「左翼イデオロギー」の蔓延が、普選運動とちょうどぶつかる。普通選挙法の成立が大正十四年、最初の男子普通選挙が昭和三年でしょう。コミンテルンは昭和十年をすぎると、二七テーゼは間違っていた、これからは「人民戦線を作って議会派と協力せよ」と豹変するんですが、それまでは「反議会制、反政党政治」を日本人に強力に吹き込んでいたわけです。同じころドイツでは、共産党の攻撃によってワイマール共和国が大きく揺らぎ、その結果、ナチスがいわば、「たなぼた」で政権を取る。

大衆社会状況というより、大正デモクラシー自体が、マルクス主義への傾斜を生み出したことの意味が問われるべきでしょう。大正デモクラシーが生み落とした「左翼イデオロギー」の広がりを対日戦略の道具に利用するという、コミンテルンつまりソ連による意識的で巨大な政治工作の力が日本の国内に大きく働いていた。このことは、昭和の政治外交史の特筆すべきファクターだと思います。それが日本をあの戦争への道へとつき動かした面が大いにある。戦後日本では左翼批判がタブーでしたから、このことは、日本政治外交史でもいまだに十分検証されていませんが。

福田　左翼からはいわゆる社会運動家も派生してきますが、彼らが労働者や社会の下層の不満をすくって活動していくうち、戦争への滔々たる流れになっていくんですね。たと

吉野作造（明治十一～昭和八）東京大学法学部教授として政治史、政治学を講じる。大正デモクラシー運動の理論的指導者。大正十三年二月、東大を退任し、朝日新聞論説委員となるが、筆禍事件などにより三カ月で退社する。

新人会　大正七年十二月、東大法学部の学生を中心に作られた思想運動団体。後には共産党の影響を強く受けるようになった。

コミンテルン　共産主義インターナショナル。各国の社会主義・共産主義政党の組織だが、実際はソ連共産党の支配下にあった。日本共産党に対しても指示を出した。

えば社会主義を伝道した添田唖蝉坊《あぜんぼう》＊という演歌師、いまでいえば反体制のストリートミュージシャンみたいな人ですが、彼は大政翼賛会ができたときに「財閥の時代が終わった」と大喜びで歌をつくります。とにかく現在の権力層を転覆しろというムードが醸成されていく。

半藤　昭和十三年の国家総動員法に対して、政友会も民政党もなんとか制限を加えようと頑張るのですが、先頭にたって賛成したのが左翼の社会大衆党なんですね。西尾末広＊議員は国会で「近衛首相は、ヒトラーのごとく、ムッソリーニのごとく、スターリンのごとく大胆に進め」と総動員法賛成の演説をして、「いくらなんでもスターリンはないだろう」と物議をかもしています。

五・一五と血盟団事件

半藤　そしてとにかく政治に不満なんだ、という民衆のムードが顕著に現れたのが、五・一五事件でしょう。陸海軍の士官が犬養毅首相をズドンと一発暗殺したクーデターにもかかわらず、国民から妙に人気があって、青年士官たちへの減刑を嘆願する運動があちこちで起きた。実際、死刑判決はひとりもありません。

保阪　同じ昭和七年の二月、三月には、三井財閥の団琢磨*や前大蔵大臣の井上準之助*が、血盟団*と称する農村青年に射殺されています。井上は金解禁を手がけ、結果的に大恐慌のあおりをくらって大失敗しましたが、本質はかなり怜悧な財政専門家でしょう。しかもすでに蔵相は辞めている。正直いって、実行犯、茨城の農村出身の青年二人が井上を狙うの

添田唖蟬坊（明治五～昭和十九）従来の演歌を改良、「愉快節」「ストライキ節」で人気を博した。

西尾末広（明治二十四～昭和五十六）大正初期から労働運動に従事。無産政党から代議士に当選するが、昭和十七年四月、翼賛政治会入会。戦後、日本社会党書記長、片山内閣官房長官、芦田内閣副総理を務めるが、二十三年十月、昭電事件に連座し逮捕される（のち、無罪）。

団琢磨（安政五～昭和七）米国で鉱山学を学び、帰国後、東大助教授。三井財閥に転じ、財閥の総帥である三井合名会社理事長となるが、昭和七年三月、暗殺される。男爵。

井上準之助（明治二～昭和七）日銀営業局長、横浜正金銀行頭取、日銀総裁などを経て、第二次山本内閣蔵相、日銀総裁（再任）、浜口内閣、第二次若槻内閣蔵相。昭和七年二月、暗殺される。

血盟団　昭和六年ごろ、井上日召が作った右翼団体。「一人一殺」を唱え、団琢磨、井上準之助を暗殺する。井上らは検挙されたが、残党は五・一五事件にも加わった。

は不自然だし、血盟団を率いる井上日召は「破壊は大慈悲」と説いている僧侶です。つまり、暗殺を指示したのは、井上準之助の経済理論を理解できる、知的レベルの高い層なのではないか。それが、その後も続くテロの、真の怖さだと思いますね。

福田　実行犯の農村青年のひとり小沼正*の検事調書はなかなか興味深い。つとめた小さいパン屋が、金持ちにより警察をつかって潰されたりして、資本主義の矛盾に目覚めていく過程が書かれているんです。自分で社会悪を発見していった側面もあると思います。その怒りが井上準之助にむかうかどうかは、また別の問題ですが。

戸髙　政治への不満が強くなると同時に、相対的に軍への信頼感が高まったのが昭和の初めですね。その前は、大正デモクラシーの影響もあって、軍人自身が軽視され、嫌われ者だった時代でしょう。軍人が軍服を着て外出するのがイヤだと思ったりしていた時代です。

半藤　そうです。「貧乏少尉のやりくり中尉、やっとこ大尉で百四十円、嫁ももらえん」なんて、俸給の少なさを馬鹿にした戯れ歌が流行ったくらい。

戸髙　第一次大戦からは総力戦の時代に入りました。戦争が、プロの軍人だけでなく、国民一丸となって参加するものに変わり、相対的に軍人への評価が下がるんです。明治期の将校の大半は武士出身のエリート階級でしたが、昭和初期までに、政治だけでなく、軍事の大衆化が進んできたといえるんじゃないでしょうか。

福田 明治の元勲はほとんどが武士出身、つまり軍事にかかわったことがある。足軽を武士に含めればですけれど。明治国家では、政治と軍事はわかちがたく結びついていた。双方をむすぶ共通感覚があったのです。大正期を経て社会的分業がすすんでいき、そのプロセスのなかで、政治も軍事も高度に専門化していった。こうした専門的知識しかもたない大衆を、どのように統合するかが、現代社会化の課題だったわけですが、結局その統合は、日中の持久戦の下で、つまりは戦時下、非常時としてしか実現しなかったのです。そこで出来上がった仕組が、野口悠紀雄*さんのおっしゃった、一九四〇年体制として、現在

小沼正（明治四十四〜昭和五十三）昭和七年二月、井上準之助を殺害する。無期懲役となるが懲役二十年に減刑され、昭和十五年十一月、仮出所。十八年四月、特赦。

野口悠紀雄（昭和十五〜）大蔵省勤務を経て一橋大教授（経済学）、現在は早稲田大学大学院教授。戦後日本の構造は戦時中の一九四〇年に完成した統制体制に発すると主張した。

まで残っている。

戦争を煽った新聞

加藤　昭和六年九月の満州事変をきっかけに、新聞各紙の論調はみごとに豹変します。ただ、戦争熱の煽り方も手がこんでいて、満州で朝鮮農民が中国側官憲に苛められている！　これを放置していてよいのか、とやります。

半藤　新聞界にとっては、なんといっても、満州事変の第一報がNHKラジオで報じられたのが大ショックだったんです。ちょうど朝の「ラジオ体操」だったのを中止して、特別ニュースで流し、その後も臨時ニュースでどんどん戦況を伝える。そこで新聞も負けてはならじと、号外につぐ号外を出します。つまり、満州事変の勃発は新聞対ラジオのメディア戦争の勃発でもあった。しかしそんなに号外を出しても埋めるネタがありませんから、軍からお仕着せの情報をもらって出さざるを得ない。あっという間に、軍の御用達新聞になります。

戦争ほど新聞が儲かるときはありません。とくに朝日新聞と毎日新聞（当時は東京日日）

が、ものすごい報道合戦をしてお金をつぎ込む。号外のほかにも、大付録をつけたり、映画上映や写真展を全国でひらいて大宣伝したんです。満州事変の本格的な報道がはじまった昭和六年の十月から半年でつかった臨時費は、両社ともに約百万円。ちなみに、総理大臣の月給が八百円の時代です。

中西 面白いことに、大阪朝日新聞だけは気骨を示すんですね。事変から一ヵ月くらいは、「満州は中国の一部であり、事変と満州国の独立は認められない」と書いていた。ところが、在郷軍人会が猛烈な抗議をするわ、不買運動は起こるわで、大阪朝日もついにお手上げとなり社論を一八〇度転換します。そうなると後発組の悲しさ、こんどは逆に一瀉千里、行け行けドンドンになる。

半藤 戦後、自由党総裁の緒方竹虎*が「満州事変のとき新聞がしっかりしていれば」なんて書いてますが、自身、朝日新聞の主筆だったのにねえ。

緒方竹虎（明治二十一〜昭和三十一）主筆、副社長など朝日新聞の要職を歴任し、昭和十九年七月、小磯内閣情報局総裁。戦後、東久邇宮内閣書記官長。公職追放を経て代議士に当選。自由党総裁から自由民主党総裁代行委員となり、次期首相と目されたが急死。

もちろん、新聞がカネ儲けのために一方的に満州事変を支持したわけではなく、軍部の側も、うまいこと新聞を利用して世論をリードしてもらおうと考えたわけです。とくに陸軍は、昭和三年の山東出兵や、張作霖爆殺事件では新聞を敵にまわして批判されてしまったので、満州事変では失敗してはならじと、陸軍報道部*をつくってメディア対策にのりだします。新聞社のお偉がたを招いて、軍の今後について大演説をぶったり、一方では料亭やうなぎ屋でご馳走しておだてたり、それは見事にやってのける。

その甲斐あってか、昭和八年に、国際連盟が、日本軍は満州国から撤退せよと勧告してきたとき、すべての新聞が軍部の味方をします。新聞は筆を揃えて「早く国連を脱退せよ」と政府を焚きつけるんです。

保阪 国連脱退のころには、陸軍の世論宣伝、誘導はかなりうまくなっていますね。昭和九年に、陸軍省新聞班が「たたかひは創造の父、文化の母である」という冒頭が有名になった「陸軍パンフレット*」、通称「陸パン」を出します。これは、日本を高度国防国家にするという宣言ですけれど、読んでみると、軍人だけでなく、メディアの動かし方を知っている人たちが参入して、戦略的につくっているのがわかる。陸軍省の新聞班じたいが、独立したひとつのメカニズムとして機能するようになるんですね。

戸髙　ドイツの宣伝戦からかなり学んでいますね。ニュース映画のタイトルのデザインなどは、ドイツ映画の丸写しです。

福田　一式陸攻*が爆撃すると、ワグナーの「ワルキューレの騎行」の音楽が流れる映画があります。ドイツ軍を日本が真似て、さらにコッポラが「地獄の黙示録」で真似た。

戦争宣伝そのものは、第一次大戦以来イギリスが先行しているんですが、ドイツは第一次大戦での失敗を取りかえそうと躍起になる。世界最先端の撮影技術をもちリーフェンシュタール*の「民族の祭典」なども作った映画会社ウーファがあったし、デザインも、本気

陸軍報道部　陸軍省新聞班（報道部）が大本営陸軍報道部になる。

陸軍パンフレット　「国防の本義と其強化の提唱」と題する五十頁ほどの小冊子。陸軍省軍務課の池田純久少佐らが執筆し、永田鉄山軍務局長、林銑十郎陸相の承認を得ていた。

一式陸攻　一式陸上攻撃機（海軍）。太平洋戦争開戦直後の「マレー沖海戦」などで活躍。航続距離が長い反面、燃料タンクに防弾設備がないため撃墜されやすかった。

レニ・リーフェンシュタール（一九〇二〜二〇〇三）女優、映画監督、写真家として活躍するが、「民族の祭典」を監督したため、ナチ協力者の汚名に一生つきまとわれた。

でやるとイギリス人よりセンスがいいんです。中井正一*や木村伊兵衛*、林達夫*といった一流どころがつくった対外宣伝用のグラフ雑誌「FRONT」も、デザインを見ると、ドイツのバウハウス*の影響が色濃い。

バウハウスは反ナチとされていますが、メンバーのひとり、建築家のミース・ファン・デル・ローエ*は、実はヒトラー政権下のベルリン都市計画に指名される寸前まで行ったのです。だから同じく建築家のシュペーア*と運命が逆になる可能性もあった。ミースは、ポーランドの女性革命家ローザ・ルクセンブルク*の墓もつくっていますから、ナチスと反ナチの両方に足をつっこんでいたわけですが。

ドイツの戦争宣伝はバウハウスと根っこを同じくしますから、モダニズムが濃厚に入っていて、格好いいんです。日本の戦争宣伝はずいぶん影響を受けています。

中西　たしかにイギリスは、デザインは野暮ですが、インフラ整備には力を注いだ。第一次大戦の経験から、次の戦争は、ラジオによる世界に向けたプロパガンダが戦争の死命を制すると気づいていた。そこで一九三七年ごろ、イギリスにとってはなけなしの予算を使って、全世界の植民地、英語圏を中心にBBCがラジオのネットワークを築き、グローバルに長波、中波、短波ネットワークの大半をおさえていくんです。戦争が始まると、敵の捕虜の名前をなんども放送するんですね、するとドイツ人の母親が懸命にＢＢＣを聞きますから。

半藤　第一次世界大戦のときから、イギリスは宣伝戦をやったんですか。

中西　ええ、ただ試行錯誤ですから、それこそ日本の大本営発表みたいなものがたくさんあった。「本日は西部戦線を東へ十キロ突破した」と毎日言うんだけど、全部足したら

中井正一（明治三十三～昭和二十七）昭和十二年十一月、京大文学部講師（美学専攻）のとき治安維持法違反で検挙。戦後、国会図書館副館長などを務める。

木村伊兵衛（明治三十四～昭和四十九）日本の報道写真の草分け的存在。戦後、日本写真家協会会長になる。木村伊兵衛賞は「写真界の芥川賞」といわれる。

林達夫（明治二十九～昭和五十九）戦前はいくつかの大学で哲学などを講じる。戦後、中央公論社出版局長、平凡社『世界大百科事典』編集長、明治大学文学部教授などを務める。

バウハウス　一九一九年、ワイマールに作られた造形芸術学校。三三年、ナチの圧力で廃校になる。

ミース・ファン・デル・ローエ（一八八六～一九六九）バウハウス廃校後、アメリカに亡命する。

アルベルト・シュペーア（一九〇五～一九八一）建築家としてヒトラーに寵愛される。一九四二年、軍需相。ニュルンベルグ裁判でただ一人罪を認め、禁固二十年に処せられる。

ローザ・ルクセンブルク（一八七〇～一九一九）ドイツ共産党の指導者の一人。経済学者としても著名だった。ベルリンで反革命勢力の軍人たちに虐殺される。

とっくにベルリンを通り過ぎているとか（笑）。その反省から、事実や真実を多く交えた方がプロパガンダとして力を増す、ということに気づき、次の大戦に備え早くからグローバル・ネットワークづくりに向かわせたんでしょう。

総合雑誌と庶民文化

中西　出版界の言論統制は、新聞にくらべると遅いですよね。「文藝春秋」のような総合雑誌を見ていると、かなり遅い時期まで、軍部批判や、よく検閲にひっかからなかったなという記事が載っている。

半藤　ええ。戦前の「文藝春秋」「中央公論」「改造」、それに石橋湛山*の「東洋経済」を見ましたが、雑誌はかなり自由に書いています。

たとえば「文藝春秋」は国連脱退に批判的で、実は、松岡洋右外相が「連盟の脱退は我輩の失敗である。帰国の上は郷里に引き上げて謹慎するつもりだ」とニューヨークで告白していたと書いているんですね。国連脱退は失敗であり、それを一行も報じないで、松岡を英雄扱いしている新聞は何事だ、と書いている。現在の「新聞エンマ帖」に通じる精神ですね。

しかしその総合雑誌も、昭和十四年の「帝大事件*」にショックをうけ、編集方針が総崩れになる。自由主義者までが総退陣で、目次も執筆者の顔ぶれもガラッと変わって、国策に順応していくんです。

戸髙　いわゆる「平賀粛学」ですね。東大経済学部の教授どうしの激しい論戦に、平賀譲総長がケンカ両成敗で、どちらの教授もクビにしてしまう。

しかし、平賀としては、大学の独立を守るための努力だったのでしょう。

半藤　この思想処分に抗議して、帝大教授の辞職があいつぎました。文藝春秋の池島信

石橋湛山（明治十七〜昭和四十八）「東洋経済新報」で金解禁反対の論陣を張る。東洋経済新報社社長を経て、第一次吉田内閣蔵相などを務めるが、GHQと対立して公職追放となる。追放解除後、代議士、第一〜三次鳩山内閣通産相。昭和三十一年十二月、自民党総裁選で岸信介などを破り首相となるが、病気のため二カ月で辞任する。

帝大事件　東大経済学部は、昭和十三年二月に思想問題で検挙された大内兵衛教授らの処分をめぐって内部抗争を繰り返していたが、十四年一月、平賀譲東大総長（海軍造船中将）は、対立する二つの勢力の中心人物である河合栄治郎、土方成美両教授を教授会にはからずに休職処分とした。

平は「怖ろしいファシズムの跫音が、とうとうわれわれの仕事のすぐ隣まで来たということであった」と書いています。「文藝春秋」は三月号で特集「帝大問題総批判」をやったかと思うと、翌月に座談会「東亜新秩序の敵は何か」なんてのをやっている。菊池寛も、「話の屑籠」欄で言論の自由を求める文章を書きつづけていましたが、昭和十四年からはピタリとやめて、挙国一致を打ち出していく。

終戦まぎわは、文藝春秋の編集会議にも、陸軍軍人が軍刀をついて列席していたよと、よく池島さんたちの世代に聞かされたもんです。

中西　陸軍情報官・鈴木庫三《くらぞう》*が、紙の配給停止をちらつかせて、非協力的な出版社を強引に従わせたという話は有名です。ただ、最近出た佐藤卓己氏の『言論統制』によると、こうした、検閲官がメディアを脅しあげたというイメージは戦後つくられたもので、戦争初期はけっこう自発的あるいは友好的に協力しあってやっていたとか。

半藤　ええ。文藝春秋の場合は、軍部の体制に協力しない社員は、満州文藝春秋にとばされたんです。文藝春秋を育てあげた佐佐木茂索副社長は「もうこの会社はだめだ」と伊東へ隠遁してしまう。自動的に、本社には軍事体制にきっちり染まった、野心的な人が残ります。雑誌は思想戦の弾丸、編集者も戦士だといって、毎朝、禊ぎをして仕事をする人もいたらしい。昭和十六年以降は、「文藝春秋」らしい報道記事はなくなり、軍人が執筆する記事も増えていきます。

戸髙　昭和十六年には、紙の統制が強まっていますから、事前検閲に従わざるをえなくなる。軍部に従わない雑誌には用紙を配給しないという即物的な対応をされると、手の打ちようがないですね。

福田　ただ、文芸のほうでは抵抗を続けています。

菊池寛は、最後に神宮皇学館の国語学者、山田孝雄を担ぎだす。山田は国学者ですが、ぎりぎりのところで、神がかっていませんから。それを保田與重郎*や大東塾の影山正治*が、菊池寛はけしからんと批判しています。

鈴木庫三（明治二十七〜昭和三十九）下士官から士官学校に進学。中尉のとき教育学、倫理学を研究するため東大に派遣される。昭和十三年八月、大本営情報局勤務。陸軍中佐。
保田與重郎（明治四十三〜昭和五十六）昭和十年三月、雑誌「日本浪曼派」を創刊。反近代主義的作品で多くの若者を魅了した。戦後、公職追放となる。全四十五巻の全集をのこした。
影山正治（明治四十三〜昭和五十四）昭和八年七月、右翼によるクーデター未遂、神兵隊事件に連座し検挙。十四年四月、大東塾創立。二十九年四月、大東塾を再興するが、五十四年五月、自決。

半藤　文芸部門はまだ自由ですね。戦前最後の芥川賞をとった清水基吉の「雁立」（昭和二十年三月号掲載）は、軍や戦争なんて関係ない、純粋可憐な恋愛小説なんですよ。

福田　いっぽうで、文藝春秋から分かれたモダン日本社では、昭和十三年の終わりから「戦線文庫」を出します。これは戦地にいる兵士に配るための慰問雑誌で、最盛期で二百万部あったそうですが、最近復刻されたものを見ると驚きます。美女のグラビア満載だし、菊池寛や長谷川伸など当代一流の書き手の娯楽小説や、漫画や講談まであって、戦意高揚のためとはいえ、非常に庶民的かつ享楽的な雑誌なんです。それを軍部が作らせていたというところに凄みがある。ずいぶん慣れてきたな、という感じですね。

保阪　この「戦線文庫」は海軍が資金をだしていたようですが、海軍に好意的な文化人が勢揃いしています。確かにあまり軍事色をださないようにしていますね。

中西　そういえば、戦時歌謡や軍歌の主なものも、同じく昭和十二年から十三年前半に録音されています。「海行かば*」は昭和十二年秋の上海戦のとき、「愛国行進曲*」が十三年一月ですね。

軍部が急いで大量につくらせるものだから、レコード会社は、赤坂あたりの芸者が歌うお色気歌謡を、歌詞だけ変えて戦時歌謡にしたそうですね。

福田　それが逆に効果的だったんでしょうね。「戦線文庫」のグラビアもそうですが、エロチックなものと戦意高揚とが共存しているのが、前線のリアリティなんでしょう。柳家三亀松の都都逸や粋話も、軍人のあいだで大人気だったそうですから。

中西　知識人はすっとばして、もっぱら大衆に焦点を定め、素早く庶民の嗜好に合わせ、そこを的確に刺激して戦争賛成支持の世論を醸成していった。小泉首相も大衆に訴えるのが上手いですが、そうした感覚の鋭さには驚きますね。

加藤　軍や情報局や文部省などが、いかに優れた国民文化を創りだそうと焦燥感を持っていたのかは、国民映画の脚本募集などでよくわかります。「参加」させることで、国民を乗せてゆくわけですが、そうした部局で働いているのが、二〇年代に、各県の社会教育主事などとして社会教育を熱心にやっていた人達であったりします。

海行かば　信時潔作曲、歌詞は万葉集にある大伴家持の長歌からとった。「海行かば水漬くかばね　山行かば草むすかばね　大君の辺にこそ死なめ　かえりみはせじ」

愛国行進曲　内閣情報局により公募された軍歌。歌詞はアマチュアがつくった。「見よ東海の空あけて」と始まる。

戸髙　従軍記者や、従軍作家、従軍絵描きの回想録をみると、表面的にせよ、おしなべて声をかけられたら、喜び勇んで行っているでしょう。だから、メディアが戦争を止められるかどうか、という問いは成り立たないのではないかなあ。あとは、個人の資質の違いが、記事などに現れてくるだけです。

福田　微妙なのは、従軍作家がほんとうに軍部翼賛で、軍に心酔してるかというと、ちょっと違うんです。

たとえばプロレタリア作家の里村欣三。彼はいちど軍隊を脱走して、中国大陸を放浪するうち、関東大震災で戸籍が焼けたから帰国したという、いわくつきの軍隊嫌いですが、従軍記者としては喜んで戦場に行く。作家にとって、純粋に、戦争は面白い。ネタの宝庫ですからね。書くことはいくらでもあるし、メディアもどんどん載せてくれる。戦地に行くために軍の報道官とも親しくするし、行けば兵隊さんにシンパシーを抱く。そういうものです。

今でもメディアは戦争反対といいますが、いざ戦争やテロが起きれば、毎日それればかり報道するでしょう。平和より戦争のほうが面白い。視聴率も上がれば部数も出る。これはメディアの生理として、今も昔も抜きがたい真実なんです。

7 真珠湾の罠　大戦略なき戦い

真珠湾奇襲作戦には、あまりにも「イチかバチか」に過ぎると、海軍上層部でも反対する声が多かったが、最終的には山本五十六連合艦隊司令長官の主張が通って作戦は実施され、大成功をおさめる。しかし、それからあとの確固たる戦略が日本にはなかった。山本自身にも、かつて近衛文麿首相に「戦争になったら半年か一年は暴れてみせますが、それからあとは分かりません」と言ったように、長期的な見通しはなかったのだ。

まさに真珠湾奇襲から半年後、日本海軍はミッドウェーで米機動部隊に大敗北を喫する。そして敗戦まで迷走に迷走を続けた。局地的な戦闘で勝利したことはあったが、それをいい流れに結びつけることはできなかった。

長期戦略の欠如は陸軍でも同じだった。その最悪の結果が、昭和十九年三月から七月にわたって強行されたインパール作戦である。多くの将兵が「白骨街道」に屍をさらしたが、無謀な作戦を命じた最高指揮官は日本に生還した。そして、形式的な処分を受けただけで、また顕職に復帰する。戦略の欠如に責任をとるものはいなかった。

章扉＝真珠湾攻撃時撃墜される日本海軍機

保阪　戦争末期に近付くにつれ、日本の戦いぶりは酷いものになります。補給もなく餓死する兵隊たち、「玉砕」、そして「特攻」……。現在の視点では「非合理」としか思えない作戦の数々はなぜ実行されたのか。それともそれぞれの局面では、一分の「理」があったんでしょうか。そもそも真珠湾攻撃からして、戦略ある戦いと言えるのかどうか。

半藤　そもそも最初から、日本の軍部は非合理的です。たとえば、軍令部総長の永野修身と、山本五十六連合艦隊司令長官は、開戦前からいちどもとっくり話したことがない。日本海軍の戦略・戦術の総本山の責任者と、それを実行する連合艦隊司令長官とが、何の打ち合わせもしない理由とはなにか。「お互いに嫌いだから」。感情論だけなんです。

中西　ならば真珠湾攻撃は、どのようなプロセスをへて決定したんですか。明治以来、日本海軍が考えてきた対米戦の戦略は、日本近海でアメリカ艦隊を迎え撃つ「邀撃漸減《ようげきぜんげん》作戦」でしょう。ところが不思議なことに、山本五十六が開戦直前に「真珠湾奇襲しかない」と押し切って、イチかバチかの機動部隊作戦で行くことになった。山本五十六は「これまでの日本近海におびきよせる作戦は古い、現実性がない」といって軍令部を論破したのか。

半藤　いえ、議論をつめた形跡はありません。軍令部の「邀撃漸減作戦」に対して、連合艦隊は「太平洋は広く、どこから敵艦隊が来るかわからない。非力な海軍では迎撃しきれない」と否定します。さらに「南方作戦もあるのに、全艦隊を日本近海迎撃で待機させられるのか」とたたみかけると、軍令部は南進したいものだから、ぐうっと黙ります。

しかし最後は、「真珠湾攻撃をさせなければ、山本長官は辞めると言ってる」「そこまで言うならやらせてみよう」というやりとりで決まる。これまた感情論です。

加藤　真珠湾攻撃については、防衛庁防衛研究所の相澤淳氏が軍時史学会編の『日露戦争(二)』に発表された最近の研究の中で指摘しています。日露戦争末期に「日進」乗り組みで参加した山本五十六は、旅順口*奇襲作戦について「開戦劈頭《へきとう》に敵主力艦隊を急襲するチャンスがあったのに、その提案を東郷さんが蹴ってしまったために戦争が長引いた」と分析し、「開戦劈頭に大規模強力部隊による宣戦布告なしの旅順奇襲をすべきだった」、という結論を導き出しています。

そこで自らが連合艦隊司令長官として臨んだ対米戦争にあたって、真珠湾奇襲を立案することになる。山本の日米開戦劈頭の真珠湾奇襲作戦とは、日露開戦時の失敗の教訓を、山本なりに活かそうとしたものだった可能性がある。「勝敗を第一日目に於て決する」意気込みでなされたわけです。

戦例としては、一九四〇（昭和十五）年四月〜六月、ドイツが航空兵力によって連合軍の水上艦艇を攻撃し、ノルウェーの占領に成功した、ノルウェー作戦の成功が参考にされたともいわれています。暗号戦史に詳しい元グラスゴー大学教授のジョン・チャップマンによれば、ドイツのノルウェー作戦勝利の背景には実は、英海軍の全暗号の半分を解読していたドイツの暗号解読能力があったといいます。ノルウェー作戦の勝利は、艦艇に対する航空戦力の優位と、暗号解読による敵艦艇の正確な位置わりだしという、ドイツ側の二つの要因によるものでしたが、ドイツ側は、暗号解読の事実が日本側を通じて連合国に知られてしまうのを恐れ、日本側には暗号解読が寄与していたことを教えませんでした。真珠湾攻撃の発想の端緒がノルウェー作戦にあったとすれば、チャップマンの明らかにした事実はかなり重大な問題を提起していると思われます。

戸髙　山本五十六は昭和十二年ごろから、航空戦の時代がくると思って、水上艦隊に見切りをつけていました。しかし日本海軍としては、日本近海まで引き付けて叩く迎撃作戦

旅順口　三国干渉により日本の遼東半島領有を阻止したロシアは、明治三十年代初めから同半島南端の旅順口に軍港を建設し、東洋艦隊を常駐させた。

なら、艦隊の数が少なくても、かろうじて成立すると長年準備してきたから、機動部隊作戦に切り替えると全体のプランが崩壊するんです。しかも、たまたま真珠湾攻撃が成功したものだから、もとの迎撃作戦に戻すこともできない。真珠湾の勝利のおかげで、大きな矛盾を抱え込んでいたのです。

軍令部が連合艦隊をコントロールできないから、次はミッドウェー海戦をやる、という山本長官の暴走もとめられない。末期のマリアナ沖海戦のころになると、連合艦隊を信頼できないから、編成した部隊を連合艦隊に渡さないで、軍令部直属の部隊にしておくなどという、ひどい状態におちいります。

加藤 でも、海軍は所帯が小さいから「お仲間意識」が強いんでしたよね。それなのに内部で反発しあうんですか。

戸髙 つまり「お仲間意識」の範囲がもっと狭くて、連合艦隊なら、連合艦隊のなかだけが仲間うちなんです。もうひとつ言うと、軍令部参謀になる人と、連合艦隊の実施部隊参謀とでは、タイプが異なって、あまり交流がない。これは陸軍の参謀本部と前線各部隊の状況と似ています。

中西 どうも、真珠湾攻撃にみられる「離れ業趣味」は、昭和十五年の西部大攻勢でドイツ機甲師団の名人芸を見て、無意識にせよ魅入られたからじゃないかという気がするんです。軍人の「ドイツ・ブーム」という病は、それほど重症だったのではないか。

まあ、山本五十六は「逆立ち」が得意で、揺れる船のへりで急に逆立ちして驚かすような趣味があったから、もともと「離れ業」が好きだったんでしょうけれど。

戸高　戦争とは、陸空海どこで行うにしても、兵器による物理的な衝突です。物理現象である以上、合理性そのものが結論になる。ハードウェアの性能とその数で、勝敗はほぼ決していて、精神力は若干影響するファクターにすぎません。一対一の決闘なら精神力は意味があるでしょうが。

日露戦争のときは、ハードウェアとしてロシアと互角の艦隊があったうえに、十分な訓練をつんだ兵隊が戦って、ようやく勝ちを得ることができた。ところが、山本五十六長官の連合艦隊は、アメリカと較べるとハードウェアとしてあまりに弱体だった。度重なる軍縮条約で数は制限されているし、「大和」「武蔵」以外はボロボロの、中古とも言えない、太古時代の戦艦ばかりです。つまり、ハードウェア以外で変更できるファクターが精神力だけになってしまった。精神力は無限に補給がききますから。

太平洋戦争が「非合理的な作戦」ばかりに見えるのは、合理的に考えているかぎり、勝利が想定できないから。あとはトリッキーな作戦で、万に一つの勝ちを拾いにいくしかないんです。

中西　それにしても、戦争開始の直前に、あれほど確固とした大戦略のコンセプトを一朝にして変えてしまい開戦になだれ込んだような国は、戦史上かつてないと思うんです。海軍というのは、よくもわるくも柔軟といおうか、いい加減といおうか。イギリスに学んだといいますが、本当に大切なことは学んでいなかったようにも思います。

半藤　しかし陸軍も、どれだけ戦略があって開戦に踏み切ったかといえば、これまた何もない。とくに南方戦略など、参謀本部の服部卓四郎と辻政信が急に言い出したものでしょう。辻の本に「我々が南方作戦を研究しはじめてから、ちょうど一年である」なんて書いてあるけど、一年で始められたらかないません。

保阪　もういちど軍務課の石井秋穂さんの話をだしますが、昭和十六年七月二日の「情勢ノ推移ニ伴フ帝国国策要綱」の下案を書いているときに、当時軍務課長の佐藤賢了が近づいてきて、「おい、南方進出を入れろよ」となんども要求したという。軍外の誰かに吹きこまれたなと思ったそうです。もっとも「方針」のなかに入っていますけれどね。

第一段作戦しかなかった

中西　戦略が付け焼刃なのは陸軍も海軍も同じなんですが、不思議なことに全体としてみると、陸軍は実によくたたかっている。頑迷で非合理的組織の代表のような陸軍のほうがはるかに高い戦力を示し、先見の明があって合理的だったとされる海軍がどうして無残に負け続けたのか。これは深く考えてみるべき点だと思いますね。

太平洋戦争の帰趨を決めたのは、やはりミッドウェー海戦が決定的だったと思います。チャーチルのエル・アラメインの戦い*についての言葉にならえば、「ミッドウェーの前に敗北なし、ミッドウェーのあとに勝利なし」です。

しかし、真珠湾のあとミッドウェーに行く前に、大戦略をもっと真剣に議論するべきではなかったか。あの時点だったら戦争全体の方向を大きく変えられる大戦略はありえたと

エル・アラメインの戦い　一九四二年六月から十一月の間、北アフリカのエジプト領内エル・アラメインで、英独両軍は戦車部隊を中心として二度にわたって激しく戦った。最後はモンゴメリー将軍が率いる英軍が、連戦連勝だったロンメル将軍の独軍を撃退した。

思います。たとえばインド亜大陸に進撃する。これは確実にインド独立につながったと思いますから、「東亜解放」という大戦の大義にも叶う。あるいは米豪遮断をこの時点で行っていれば、のちにガダルカナル島争奪戦の愚をおかす必要はなかった。さらには、ハワイ攻略や、パナマ運河破壊あるいはメキシコ作戦などの案もあったと聞きますが。軍部でこうした大戦略を真剣に議論した形跡はあるのでしょうか。

半藤　ないですね。あったのは、ごく一部のグループ内の研究だけです。

情けないことに、日本軍が考えていた戦略は、第一段作戦だけなんです。陸軍は南方のシンガポールを陥《お》とし、フィリピン、蘭領インドネシアへ。海軍はハワイ作戦とイギリスの東洋艦隊をたたく。ところが昭和十七年春までに予想外に勝ってしまって、次にどうすればいいか、わからなくなったんです。もともと長期戦のつもりはなくて、ドイツが勝ったら講和すればいいと思ってますから。

日本はこの戦争を「大東亜戦争」*と命名しましたが、これには支那事変も含まれるし、「これから起こる戦争」もまた含めるものとする、という。「これから起こる戦争」とは、陸軍が長年研究してきた「日ソ戦争」にほかなりません。

福田　そのため、陸軍は南方の第一段作戦を終えると、兵隊を満州に戻しますね。「マレーの虎」山下奉文も、シンガポールを占領した最強部隊として、満州に配属される。日本の「自存自衛」の戦いとしては、石油資源を押さえることが最大の問題だったはずです。そのためにシンガポールをとったのだから、あとは海軍が制海権を押さえて潜水艦を寄せ付けなければ、しばらくは保つ。ところが石油が手に入ったとたん、ソ連との戦いに備えるのだから、ズレているといわざるをえない。

戸髙　ほんとうの戦争目的が石油である以上、油田地帯を押さえたら、そこをきっちり守るという発想をすべきなのに、どんどん先へ、先へと南方の島々を侵攻してしまう。この締まりのなさは、開戦前にプランがしっかりしていなかったためでしょうね。

福田　本来ならば、日露戦争のあとから石油問題を見据えて、スマトラ、ジャワをどうするか大戦略を考えてなければおかしいんです。フィッシャー提督がイギリス艦隊の燃料を重油に変えると決定したのが、第一次大戦前の一九一二年ごろでしょう。石炭生産国のイギリスが、自国ではいくら掘っても出ない石油に切り替える決断をしたのに、帝国海軍

大東亜戦争　大東亜戦争という呼称は昭和十六年十二月十日に開かれた大本営政府連絡会議で決定された。

はなぜ石油確保の方策を真剣に考えなかったのか。早く動けば動くほど、可能性が出てきたはずなのに。

戸高 日本も一応サハリンを掘ったり、あと満州も掘ってるんですが、残念ながら出なかった。最後には、石炭液化の研究に走るけれど間に合わない。

福田 それは石原莞爾の責任もありますね。満州事変のときに、石油はないというレポートが出ていたのに、隠したといわれていますから。

加藤 大戦略ではないかもしれませんが、大きな見通しをもって戦争の敗け方を準備したのが、昭和十八年四月に東條内閣に入閣した重光葵《まもる》＊外相の「大東亜政略指導大綱」の考え方でした。重光は、連合国側の戦争目的としての大西洋憲章を強く意識して、日本もまた共栄圏内の各国の結合を図り、共同の国際機構を創設して、戦後の協力体制の柱としようとしたのだと思います。

平時の人事で戦時にのぞむ

半藤 日本軍を見ていて思うのは、「平時の人事で戦争にのぞむ」ことの愚かしさです。

たとえば、海軍の機動部隊。これからは飛行機の時代だというので、航空戦のために、高速航空母艦を主体につくった日本独自の部隊です。この長官を選ぶに際して、海軍の伝統であるハンモック番号《ナンバー》*といわれる「成績順人事」を採用します。

その結果、南雲忠一*が長官になりますが、この人は生粋の「魚雷屋」で、飛行機のヒの字も知らない。長官が素人でも参謀が専門家ならいいですが、草鹿龍之介*参謀長は、たし

重光葵（明治二十〜昭和三十二）昭和七年四月、駐中華民国公使のとき、朝鮮独立運動家の投げた爆弾で片脚を失う。駐ソ、駐英大使などを経て、東條、小磯内閣外相。戦後、東久邇宮内閣外相として降伏文書に署名。A級戦犯となり、東京裁判で禁固七年。刑期満了後、改進党総裁、代議士、第一次鳩山内閣副総理兼外相。

ハンモック番号《ナンバー》　兵学校卒業時の成績順位。

南雲忠一（明治二十〜昭和十九）第一航空艦隊司令長官として真珠湾奇襲に成功するが、ミッドウェーで大敗北を喫する。呉鎮守府司令長官などを経て、昭和十九年三月、中部太平洋方面艦隊兼第一四航空艦隊司令長官。十九年七月、サイパンで戦死。死後、海軍大将。

草鹿龍之介（明治二十五〜昭和四十六）第二四航空戦隊司令官などを経て、南雲司令長官のもとで第一航空艦隊参謀長。後に第五航空艦隊司令長官など。海軍中将。

かに航空畑ではあるけれど、飛行船の専門家なんですね。その下に航空参謀の源田実*という、戦闘機の専門家がようやくつきます。まともに頼りになるのは源田さんだけ。だから南雲長官率いる機動部隊なのに、「源田艦隊」と呼びならわされたほどです。

昭和十七年のミッドウェー海戦に、南雲部隊は空母「赤城」を旗艦として出撃します。わがほうの索敵機が敵の機動部隊を発見し、「敵空母見ゆ」という知らせがきた。が、南雲長官は、どうしたらいいか判断できず、草鹿参謀長の顔を見る。草鹿参謀長も困って、源田実の顔を見る。源田さんは「雷撃機と爆撃機はすでに準備が整っているから、戦闘機をつけて出撃しましょう」と言うんですが、そこから一時間あまり、モタモタして何もしない。さすがに業を煮やした第二航空戦隊の山口多聞少将が、「直に発進の要ありと認む」と信号を送りますが、南雲長官はまた「どうだ」、草鹿参謀長も「どうだ」と順送り。源田が「やっぱり戦爆連合で行きましょう」といって、また戦闘機を空からおろして準備してるうちに敵機の攻撃を受けて、コテンパンにやられます。

平時ならいざしらず、なぜ肝心要のときに、年功序列の素人だのみの人事を行うのか。

福田　ずっと疑問だったんですが、海軍には有名な「潜水艦乗り」っていないんです。なぜ、日本の潜水艦は活躍していないんでしょう。潜水艦の機能が低いんですか。日本は、南方戦線への補給艦を次々に沈められ、あれだけアメリカの潜水艦に苦しめられたのに、日本側の潜水艦の活躍はほとんど聞かない。

戸高　いえ、潜水艦がダメなのも、人事の問題だと思います。日本は潜水艦を大量にもっています。日本近海で「邀撃漸減作戦」をやるために、アメリカ艦隊を潜水艦で連続攻撃させようと思ってましたから。ところが、なぜか「潜水艦参謀」というものは連合艦隊に存在しないんです。飛行機には「航空参謀」、砲術には「砲術参謀」がいるんですが、相当大きな兵力を投じている潜水艦の参謀は、「水雷参謀」が兼ねていた。これは潜水艦を活用した作戦を考えるには、不都合だったと思いますね。

加藤　潜水艦参謀をおかないのは、何か理由があるんですか。

戸高　なぜか。潜水艦の人はみんなハンモック番号が低い。つまり海軍兵学校の成績が悪かったので、幹部ポストの参謀になかなかなれないんです。潜水艦に行くのはだいたい成績が下から半分。海軍兵学校をトップで卒業しながら潜水艦を希望したのは、六十四期

源田実（明治三十七～平成一）横須賀航空隊飛行隊長などを経て、昭和十六年四月、第一航空艦隊参謀。戦後、航空自衛隊幕僚長、三十七年七月から参議院議員四期。海軍大佐、空将。

の川島立男*だけではないでしょうか。

中西　おそらく、これも第一次大戦を経験していないことが大きい。アメリカは陸兵をヨーロッパに送るときに、ドイツのUボートの脅威を肌身で感じています。でも日本海軍は、まだ日本海海戦のつもりでいますからね。欧米だと、飛行機乗りと潜水艦乗りは、同じようにヒーローなんです。どちらも単騎で出撃して敵を仕留める。カッコいいじゃないですか。第一次大戦の時に、イギリスやドイツでは貴族がこぞってパイロットやUボート乗りに志願しました。

保阪　ハリウッド映画を見ても、潜水艦乗りが活躍しましたね。

中西　「眼下の敵」*の、クルト・ユルゲンスとロバート・ミッチャムの対決なんてありました。ところが日本は、潜水艦乗りが素晴らしいという宣伝を全然してないんです。飛行機のほうは、「大航空の歌」とか戦時歌謡をつくってムードを盛り上げているんですが。

福田　じゃあ、岩田豊雄*（獅子文六）の『海軍』は、潜航艇の宣伝という含みがあったのかもしれない。でも昭和十八年ですから、手遅れだったか。

補給という発想がない

半藤 結局、海軍の成績優秀者は、みんな戦艦大和へ行くんです。あとは成績順に、戦艦、巡洋艦を希望して、下にいくと、駆逐艦、潜水艦、海防艦になる。だから、護衛艦隊の参謀だった大井篤が「どうして優秀なやつを輸送船の護衛のほうにまわさないいんだ」とカンカンに怒っていました。敵艦を探知するソナーを聞くのは成績優秀な奴でも難しい。ましてや海防艦や駆逐艦は、小型だから波は高いし、エンジン音もガーガーうるさくて条件が悪いのに、ダメなやつばかり寄越すから、輸送船がどんどん撃沈されるんだと。

川島立男（大正五〜昭和十九）昭和十二年三月、兵学校卒業。十七年一月、潜水学校特修科学生。十九年二月、呂三六潜水艦艦長。十九年七月、サイパン方面で戦死。死後、海軍少佐。

「眼下の敵」 ディック・パウエル監督で一九五七年製作の米映画。原作は英国海軍中佐D・A・レイナーの小説『水面下の敵』。英駆逐艦とドイツUボートの対決を描く。

岩田豊雄（明治二十六〜昭和四十四）獅子文六の名で多くの小説、戯曲を書く。『海軍』は真珠湾を特殊潜航艇で攻撃、戦死した海軍の青年士官と友人の画家を主人公にした青春小説。

保阪　それは陸軍もおなじですね。陸大の成績が下位の者が、補給を担当する「兵站参謀」になるといわれていました。成績優秀なやつほど作戦参謀や情報参謀になるから、兵站参謀をバカにして、補給の話なんてろくに聞いてないんです。私の取材したある兵站参謀から、我々のだした計画書などハナから無視されていたと怒っているのをなんども聞かされました。その怒りがあまりにも深いので驚きました。

半藤　そもそも、戦争においては補給や輸送が死命を制する、という発想が欠如してるんじゃないでしょうか。たとえば潜水艦の使い方にしても、輸送船を撃つという発想がないんです。あくまで目標は敵の軍艦だけ。日本の潜水艦は、ハワイまで行けるほど航続距離が長いんだから、もっとうまく活用すればよかったのに。

中西　レイテ海戦で栗田艦隊の有名な「謎の反転」があります。ようやくレイテ湾に突入するというところで、敵主力を求めてなのか何なのかよくわかりませんが突然反転する。日本海軍には、丸腰の輸送船を撃つという発想がないからだ、とよく説明されますけれど、そんな説明はあまりに非合理的で、にわかには信じられないのですが。

半藤　確かにそうですが、頭のなかが日本海海戦モデルのままですから。たとえばアメリカの艦隊には、弾庫船といって、弾薬や魚雷を積むためだけの船がついてきます。ところが日本の海軍は、遠くまで出かけて、魚雷をぶっぱなしては、また延々と日本まで戻ってくる。そして横須賀なり佐世保なり、所属の基地に着いてから、ちょっと休んで、呉まで行く。魚雷は呉にしかないから、わざわざ取りに行くんです。

中西 弾のほうを動かすという発想が一切ないんですね。

戸髙 戦争が進むと、補給も考えなくてはというんで一応手を打つんですが、間に合わないうちに終わった、という感じです。

だいたい、日本の海軍にはマーシャル諸島より遠くで戦闘するつもりはありません。だから、基本的に軍艦の航続距離はあまり長くないのです。居住性の悪さでも有名ですが、これも長期作戦を考えていないからでしょう。

加藤 アメリカ側などは、なぜ日本海軍が何度も何度も出撃してくるのか、不思議だったと言いますよね。本土の近くに引きつけるだけ引きつけた後、一大艦隊決戦をやるはずだったのではないかと。しかし、一回決戦すると引いて、また出てくるという。

戸髙 それは、草鹿参謀長の趣味なんです。彼の戦術思想は「全力一撃すぐ撤退」。それを繰り返す。

半藤 草鹿さんは剣道をやりますから。

加藤　えっ、剣道ですか。

半藤　ヤーッといって面打ってパーッと下がる、剣道のやり方なんですな。「手練の一撃を加えれば残心することなく退くべし」。無刀流だそうです。僕は戦後、草鹿さんに取材したことがあるんですが、「真珠湾攻撃のときは〝金翅鳥王剣《きんしちょうおうけん》〟と決めておりました」ということでした。これも、一撃したら深追いしないですぐ退く。「草鹿さん、ずっとそれを続けられたんですか」「それで十分なんです」って。ぜんぜん十分じゃなかったわけですが。

戸髙　少々かわいそうなのは、貧乏海軍だから、船が沈むことが指揮官の最大の恐怖なんです。一隻沈むと後がないというストレスが強くて、踏み込んで戦う勇気がない。ちょっと戦果をあげると急いで帰ることになる。

典型的なのがソロモン海戦です。第八艦隊が行って、防御している敵の軍艦を二、三隻すぐに沈めた。すると、三川軍一長官はすぐにUターンして帰ってしまうんです。

せっかくピケットラインを突破して、その向こうに無防備になった目標の船団がいるのに、何しに行ったんだかわからない。金庫破りが金庫を開けた瞬間に、「おれの腕前はどうだ」と言って札束をとらずにUターンしてくるようなものです。レイテ戦のときもそうですが、ほんとうの目標を忘れるんですね、途中で。

半藤　日本の海軍では、輸送船をいくら沈めてもスコアにならない。軍艦を沈めないと、金鵄《きんし》勲章のスコアにならないんです。これが頭のなかにキッチリあるから、巡洋艦を沈めて満足する。危険をおかして輸送船を沈めようとはしない。

福田　ならば、ルールを変更すればよかったんですね。輸送船を沈めたら、倍のスコアとか。

戦史を生かせぬ秘密主義

中西　ただ、補給と制空権がきわめて重要だという論議は、一九三〇年代にはすでにあったし、日本にも入ってきているはずなんですが。リデル・ハート*ら軍略家が、第一次世界大戦の教訓を踏まえ、早くから来るべき戦争を論じていますから。まあイギリス軍も当

リデル・ハート（一八九五〜一九七〇）英国の戦略思想家。陸軍に入り第一次大戦で負傷。退役後、歩兵操典の編纂をし、陸相の私的顧問になる。第二次大戦後、英国国際戦略問題研究所設立。

初は、それはインテリの議論だといって本気にしていないし、プロの軍人とは常にそういうものかもしれませんが。

しかし、エリート軍人が大勢ドイツに留学して、総力戦や高度国防国家という思想は輸入してきたのに、「実際の戦争をどう戦うか」「次の戦争はどのようなものになるか」という議論はしてこなかったんでしょうか。

戸髙 日本でも、戦史に学ぶという発想はあるんです。第一次大戦のあとの軍事調査委員会では、新見政一さん（後に中将）が、第一次大戦の戦訓調査の研究を命じられました。実は、そのレポートで、輸送船や船団護衛の重要さを徹底的に言ってるんですが、誰もそれを見た形跡がないんです。護衛艦隊の参謀だった大井篤さんに聞いてみたら、「そんなレポートは知らない」というんです。「いやあ、艦隊にいると忙しくてね、そんなもの見てる暇がないんだよ」と。

半藤 極秘版で何十部かしかつくらないから、枢要なところに行き渡らないんでしょうか。

加藤 伝統的に、戦史に対する、強い秘密主義があるようです。そのため日露戦争の戦史も、秋山真之作戦参謀自身は記録をたいへん重視していたにもかかわらず、死蔵されてしまう。

日露戦争の戦史は海軍の場合、普及版と極秘版がつくられますが、極秘版を自由に見られるのは海軍大学教官くらいなんです。しかし極秘版を読まなければ、バルチック艦隊の撃滅が大回頭後三十分間の砲撃によるものではないこと、旅順の二百三高地の陸海軍共同作戦こそが画期的だったことには気づかないわけですね。

戸髙　ほんとうにそうですね。その極秘版戦史は、今日本には防衛研究所に一組しか残っていないので、今でもなかなか見るのは面倒なのですが、とにかく事実を知らなければ、正しい判断のしようがない。

中西　ミッドウェー海戦以後、日本海軍が挙げた戦果で、戦史にのこると思われるものはありますか。

半藤　うーん。一位は、ガダルカナルの戦いの最後にやった、ルンガ沖夜戦ですね。日本の水雷戦隊が一隻沈みますが、むこうの巡洋艦部隊を完全撃破します。これが連合艦隊最後の勝利です。

中西　他にはありませんか。

戸髙　あとはひたすら負け……。

中西 私は、昭和十八年七月のキスカ撤退戦*はすごいと思うんですが。霧にかくれ、たった五十五分の間にわずか十九隻の船で、五千人以上の兵士を全員無事救出した。しかもアメリカがそれに気づかず、その後もずっと無人のキスカ島を攻撃していたという。これは痛快きわまる大勝利でしょう。山本五十六的な「離れ業」主義が真に輝いた瞬間といいますか。加えて、たいへん綿密な計画と慎重さの賜物でもあったのですから。

半藤 たしかに撤退は成功なんですが……戦果といえるのかどうか。

中西 日本では、撤退戦はあまり名誉とされないのでしょうけれど、戦史のうえでは正しく評価されるべきだと思うんです。ヨーロッパやアメリカの戦史家の間では、「キスカ撤退は凄かった、あれは大した作戦だった」という声は高い。私も日本軍がミッドウェー以降にやった作戦のなかで、戦術的にもっとも評価すべきものだと思います。日本の戦史でも、もっと大きく扱うべきではないでしょうか。

半藤 たしかに、作戦の成功という意味でいえば、キスカ撤退とガダルカナル撤退は見事なものでした。特にガダルカナルは海軍が起こした戦闘で、陸軍に多大なる犠牲を与えてしまった。なんとか一人でも多くの兵士を生かして帰さないといけないと、山本五十六も必死になって撤退を考えましたから。

中西　やはり根底に同胞愛があるからこそ、海軍軍人も献身的になり、いつになく合理的に考えて行動できたのではないか。それが最後の段階なのは残念ですけれども。

福田　こんな話もあります。草鹿参謀長が「駆逐艦や潜水艦は戦闘に使いたいから、食糧補給のために行かせたくない」と陸軍への補給を断ったら、今村均大将が怒り狂って「俺も今からガダルカナルに行って飢死する」と山本五十六に訴えたので、ようやく艦隊を出した。

半藤　あれは、海軍軍令部も参謀本部も、昭和天皇に「ガダルカナルは必ず奪回します」とはじめに約束してしまったんです。昭和天皇が大元帥として「では奪回せよ」と命じてしまった以上、それを覆して撤退するには、また手続きがいる。それでなかなか撤退のための艦隊が出せなかったんですね。

しかしこのとき、大きな問題が起こってしまった。昭和天皇が「やむを得まい、ガダル

キスカ撤退戦　昭和十八年七月二十九日、アリューシャン列島キスカ島の日本陸海軍守備隊五千百八十三人は、軽巡洋艦二隻、駆逐艦六隻に分乗して全員が撤退した。三万の米軍が同島に上陸したのは八月十五日だった。

カナルを撤退せよ」と認めてからひと言、「ではこのあとどこで攻勢に出るのか」と聞く。杉山元参謀総長は思わず「ニューギニアです」と答えてしまうんです。「いま作戦を練っております」とでも言えばいいのに、余計なことを……。それで、ニューギニアの惨憺たる戦いに乗り出すことになる。

福田 昭和天皇も『独白録』で、ポート・モレスビー作戦*が失敗したときに、もうこの戦は負けだと思ったと言っていますね。この戦争の無理、目的のあいまいさが露呈したポイントなのかもしれません。

兵士は勇敢に戦った

中西 よく言われるように陸軍でも、インパール作戦*は補給をまったく考えずに行っていますね。後勝《うしろまさる》という兵站参謀、この人は珍しく兵站一筋で陸大を出たんですが、彼がずっと後に書いた手記を読むと、全く暗澹たる気持ちになります。

牟田口廉也*中将が、なにがなんでもインパール作戦をやると言っている以上、もはや、どうこう言っても仕方がない。ビルマ方面軍司令官の河辺正三*も奇妙に乗り気で、三人の師団長たちもみんな、この作戦は補給が無理だとわかっていて抵抗したが無駄だった。なのに少佐の自分が補給について何かいっても、到底聞いてもらえそうにない。そういう声の大きい一人の独走を抑えられず、みんなが無責任になって慨嘆調の空気が全体を支配していたことがよくわかります。

ポート・モレスビー　昭和十七年九月、日本軍はニューギニアのオーウェン・スタンレー山脈を越え、パプア・ニューギニアの都市ポート・モレスビーを目指したが、米豪軍に撃退され、食料もない悲惨な退却を余儀なくされた。

インパール作戦　援蔣ルートの遮断などを目的に、インド東北部インパールへの侵攻を狙った作戦。無謀な作戦と批判した現地の師団長らは軍司令官によって罷免された。

牟田口廉也（明治二十一～昭和四十一）昭和十二年七月、歩兵第一連隊長として盧溝橋事件の当事者となる。十八年三月、第一五軍司令官。インパールの攻略を目指す作戦を強行し惨敗を喫し、多数の餓死者をふくむ戦死者を出す。責任を問われ予備役となるが、再召集され陸軍予科士官学校長となる。敗戦後、連合国に戦犯容疑者として逮捕されるが釈放。本人は死ぬまでインパール作戦失敗の責任を認めなかった。陸軍中将。

河辺正三（明治十九～昭和四十）第三軍司令官などを経て、十八年三月、ビルマ方面軍司令官。二十年四月、航空総軍司令官。敗戦後、戦犯容疑者として巣鴨に収容されるが不起訴。

保阪　僕は長年、元兵士たちの声をかなり聞いてきましたが、インパール作戦に参加した人に会うと、みんな数珠を握りしめながら話すんです。インドからビルマへ、仲間たちの死体で埋めつくされた「白骨街道」を引き上げてきた無念の思いでしょう。

そして牟田口司令官の名前が出ると、元兵士の誰もがブルブル身を震わせて怒るんです。「牟田口が畳の上で死んだのだけは許せない」とまで言いきります。前線にいたときは知らないけれど、戦後になって、牟田口が前線から離れた「ビルマの軽井沢」と呼ばれる地域で、ひたすら「前進あるのみ」と命令を出していたことを知る。しかも作戦の失敗を、部下の師団長たちに押し付けて、自分は責任を問われぬまま生き延びたんですから。

中西　しかし、同じ軍隊でも、前線の兵士たちは信じられないほどよく戦いました。インパールでは、宮崎繁三郎*中将がコヒマですばらしい力戦敢闘をしています。雲南、北ビルマでも、最新装備の国府軍四個師団と英印軍二個旅団に対し、圧倒的に劣勢な戦力で、しかもずいぶん長期間戦い抜いた。これは古山高麗雄*さんが『フーコン戦記』等の三部作で書かれていますが、「必敗の戦い」を実によくねばり抜いています。

半藤　ほんとうに、前線の人たちはよく戦っています。ただ、それを論じれば論じるほど、上層部のだらしなさ、無責任ぶりが露出する。

中西　ええ、戦略はもう、全くの外道なんです。ですから、当然ながら佐藤幸徳師団長の「抗命」などがインパールでありました。ところが末端で前線に行かされる方は、従容と戦場に赴き、一糸乱れず戦い抜いた。

ヨーロッパの戦史を学んだ身からすると、もっとも不思議に思うのは、最後の最後まで日本兵の大規模な反乱が起きていないことです。ふつうは補給が来なければ即座に大反乱ですよ。中国軍だって目の前でしょっちゅう反乱しているんですから、日本兵がそういう気を起こしても不思議はない。

ただ、支那事変のころまでは、日本軍でも上官に楯突いたり、脱走したり、ちょっとした不祥事はありました。ところが対米英戦がはじまると、下士官や兵士の層ではぴたりと

宮崎繁三郎（明治二十五～昭和四十）台湾軍参謀、上海特務機関長などを経て、昭和十八年三月、第三一歩兵団長。インパール作戦では宮崎支隊を率いて英軍相手に孤軍奮闘する。後に第五四師団長となる。陸軍中将。

古山高麗雄（大正九～平成十四）昭和十七年十月、陸軍に二等兵として入営。翌年夏からフィリピン、ビルマなどを転戦。捕虜収容所に勤務したため、敗戦後、戦犯となり、懲役八カ月を宣告される。戦犯収容所での生活を描いた『プレオー8の夜明け』で第六十三回芥川賞を受賞。

不祥事がなくなる。

その違いは、戦争目的にあるのではないか。対米英戦は「自存自衛」の戦いだと国民の末端まではっきりと理解できた。「ここで負けると日本という国はおしまいだぞ」と思ったからこそ、あの一糸乱れぬ、ものすごいエネルギーが溢れ出たのではないでしょうか。支那事変は、その始まり方から言っても、そうした「大義」を感じることは難しかっただろうと思うんです。

半藤 しかし、前線部隊のひとりひとりの兵隊さんがどんなに勇戦力闘しても、戦術の失敗は補えない。そして、戦術がいかにうまく運用されても、戦略の大失敗は補えない。上層にいけばいくほど、何でこんな国家戦略で戦争しているんだ、ということになる。

保阪 前線の兵士だった人に、「なんであんなに懸命に戦ったんですか」と質問すると、主に学徒兵*のインテリ層ですが、こう答える人たちがいるんです。「日本は一度、こういう無理な戦争をくぐり抜けなければ仕方ない運命なんだ。それを私たちの世代が引き受けているんだと理解していました」と。次の世代にこんな戦争はしてほしくないから、自分たちがやるしかない、と思ったというんですね。

僕は、ちょっと意地悪かもしれませんが、「それは本当に戦場で思ったことですか。戦後に考えられたのではないですか」と尋ねます。するとたいてい、「戦場で、仲間どうしでこういう話をしましたよ」と言いますね。極限状況になると案外そういう話もするらしい。

戸髙　そうですか、戦場で。吉田満さんの『戦艦大和ノ最期』の中でも、臼淵大尉の言葉として、「敗レテ目覚メル、ソレ以外ニドウシテ日本ガ救ワレルカ（中略）俺タチハソノ先導ニナルノダ……」と書かれていますが、同じですね。

保阪　もっとも、戦場独特の空間というものがあって、閉鎖された集団のなかで何日もいると、通常の精神状態ではなくなるというんですね。非常に鋭敏になるし、それが行き過ぎると、戦場神経症を起こしたりする。

元軍医に聞くと、悲惨な話もたくさんあります。ニューギニアあたりの戦場で、大隊長クラスが神経に異常をきたして、部下にとんでもない命令を下したり、報告に来た兵隊を、お前はスパイだと錯乱して斬りつけたりと信じたくない話も少なくありません。

学徒兵　普通、大学などに在学中に繰り上げ卒業などで軍隊に入ったものを指す。

末端の兵隊たちのなかには気の毒な人も多い。戦場体験が、今もトラウマになって潜在意識のなかにある人も多い。晩年、もう死にそうな老人が突然立ち上がって、廊下を走り回って馬鹿力を出したりする。そういう元兵士の家族に所属部隊を聞いてみると、たいていは激戦地なんです。インパールやビルマや、ルソンやフィリピンや……。戦後社会がそれをケアしていないのも問題ですね。

結局、軍部の上層は戦闘の図面を引いて指示を出しているだけで、直接殺傷の体験はないですから、戦争のもつ意味が違う。こんなこと言っていいかわからないけど、ある陸大出身の元軍人は、「わが期は四、五人しか死んでない」と自慢して、「きみ、今度戦争が起きたら、息子は必ず陸大に入れろよ」と言ってましたから。

加藤 学徒出陣組がよく言うことは、学徒出身者を海軍は使い捨てにしたということですが、海兵の戦死率は実のところ高いですね。また、太平洋戦争期には日中戦争期に比較して若い兵士が多く亡くなっているはずです。吉田裕氏によれば、陸軍の総兵力に占める現役兵の割合は、昭和十二（一九三七）年が三七・三パーセントであったのに対して、昭和十九（一九四四）年には五八・四パーセントに達していたといいます。

戸髙 海兵六十八期とか七十期とかだと、六〇パーセント以上も戦死しています。終戦時に二十八歳くらいの世代だから、もっとも前線指揮官として使いごろの、大尉から少佐くらいなんです。

戦後に、特攻に海兵出が少ない、予備学生を主に特攻に使った、と言われますが、特攻作戦以前に海兵出のパイロットは相当に戦死してしまっている。

中西　そうですね、真珠湾のときに二十四、五歳でパイロットだったら、出撃につぐ出撃で、終戦まで生きのびられませんね。

半藤　海軍で一番戦ったのは、駆逐艦乗りでしょうね。戦艦大和は、最後にちょっと出撃しただけですが、駆逐艦は開戦以来、ずっと戦ってますから。

保阪　「暁部隊」も悲惨です。船舶に補給輸送するための参謀本部直属の部隊で、各地の軍港に配属される。ところが暁部隊には、上官に逆らうような癖のある兵士がピックアップされます。舟艇部隊の小さな船で行くから、死亡率が異常に高いんですよ。

戦後に名簿をつくったら、一部隊なのに千人以上の戦死者がいた。つまり、入れかわり立ちかわり来ては死ぬんです。僕は「暁部隊」の話を聞くたびに、どうしても涙が出ます。

日本軍と植民地解放

加藤　前線の日本兵が一生懸命に戦ったことが、彼らの思いや、日本の意図をも超えて、世界史に影響した側面があると思うんです。

たとえばビルマでの戦いですね。ルーズベルトとチャーチルと蔣介石のあいだの書翰を読みますと、チャーチルが「日本軍と戦うために沼地のようなジャングルに入ってゆくのは、まるでサメと戦うために水に入ってゆくようなものだ」と恐れて、イギリス軍をともするとビルマ戦線から引き上げようと画策します。それを知った蔣介石は怒って、ルーズベルトを介してチャーチルに「イギリスはインドに完全な自由を与えるべきなのだ。イギリスはインドの内政問題をどう考えているのか」と書くんです。チャーチルもまた怒って返事を書く。「連合国が従うべき最もよい法則は、お互いの国内問題に干渉しないことだと思います。我々イギリスだって、中国国民党と共産党の対立に何も言ってこなかったではないですか」と皮肉をこめて。すると、ルーズベルトが乗り出さざるを得なくなるわけです。

日本が「アジアの植民地解放」を唱えたのは、もちろん開戦後の後づけなんですが、しかし日本軍が死に物狂いで戦ったために、中国とイギリスの間、あるいは英米間に植民地の独立をめぐる軋轢がおきて、事態が変わっていったのも事実です。日本軍の必死さは「自存自衛」から生まれておりましたが、結果として世界地図を変えた。

おそらくアメリカは、イギリス帝国を支持する戦略のなかで、ヨーロッパはともかく、アジアの英国領は、戦後はもうもたないな、という感触を抱いたと思いますよ。

保阪　蔣介石軍には、アメリカの軍事顧問団がついていますが、作戦をめぐってしばしば対立する。とくに最後のほうのビルマの戦闘なんて、お互い感情的になって、もう戦争どころではなくなります。その対立の根源に、日本兵の士気の高さがあったといえるでしょうね。

中西　雲南作戦や、拉孟《らもう》龍陵《りゅうりょう》作戦なんて、日本軍はたった一大隊で、三個師団をひきうけて何カ月も戦う。それはもう、何百年経っても世界戦史に残る戦いぶりです。

加藤さんのお話で思ったんですが、日本では、戦争の大義を唱え国家目標を云々する人はいても、それを現実につなげる大戦略を論じる空気が殆どなく、そもそもそれを考える役割の人がいなかった。昭和十八年の十一月に大東亜会議を開催して、「アジアの解放」を決議し、日本の国策としたにもかかわらず、口でいうだけで、戦略はともなわなかった。

現実にはその後も大体アジア各地で宣撫工作程度のことしかしていません。
インパール作戦は、牟田口司令官の戦い方はひどいものの、理念としてはインド独立につながりますから、「大東亜解放」という国家戦略には脈絡があう。もし日本が、ニューギニア戦などやらずに、この作戦に東亜の解放という国家戦略をむすびつけ、国家資源を一挙に投入するようなことをしていたら、まったく違う戦争になったはずなんです。

半藤　でも実際のところ、牟田口司令官はインドの独立はどうでもよくて、自分の勲章ほしさでインパール作戦にのりだしたんです。しかも東條英機は、チャンドラ・ボース*への義理で、誰もが反対する作戦を許可したという。有名な話ですが、東條がお風呂に入っているときに、外からひたすら頼まれて、のぼせちゃったのか、思わずインパール作戦を許可すると。

中西　インド独立運動の志士であるボースがインド領内に登場しただけで、「アジア解放」という国家戦略がはるかに明瞭になったのに、なぜもっと真摯なコミットメントをしなかったんでしょうか。
イギリスにとっては、日本がビルマ側からアラカン山脈を超えインドに入ってくるのがもっとも怖かった。そうなればインドの治安は到底、確保できないと考えていましたから。

実際、一九四二（昭和十七）年春に、ビルマのラングーンやマンダレーが陥落すると、インド人は「いよいよ日本が来てくれるぞ」と期待して、インド全土で反英抵抗運動が一気に盛り上がり、イギリスのインド統治が根底から崩壊しそうになっていた。あの時点でインパールに突入すればイギリスのインド支配は確実に崩壊していたでしょう。

戸髙　実際のインパール作戦認可は昭和十九年一月。もう制空権も失っているし、まったく意味がなくなっていました。

チャンドラ・ボース（一八九七〜一九四五）インド独立運動に参加。ガンディーら国民会議主流派と対立する。ドイツに渡り対英戦争を支持、さらに潜水艦で来日、昭和十八年十一月の大東亜会議に自由インド仮政府を代表しオブザーバーとして出席する。台湾で飛行機事故で死亡。

8 特攻、玉砕、零戦、戦艦大和

対米英戦争は次々に敵を増やしながら、延々と続いた。敗戦直後、昭和天皇は、「ポート・モレスビー作戦が失敗したときに敗北を覚悟した」と語ったが、実際に戦争が終わったのは、昭和十七年九月の同作戦失敗から三年近くもあとだった。

その間、多くの戦場で部隊が全滅し、玉砕という美名で報じられた。その際、婦女子を含む民間人が死をともにすることも珍しくなかった。また、航空機や小型の水上兵器を使った特攻作戦も次々に実施された。「戦艦大和」の最後の出撃も生還を考えない特攻であった。多くの若者が、祖国と家族や親しいひとたちを思いながら死んでいった。

そして、昭和二十年八月十四日のポツダム宣言受諾、十五日の「玉音放送」、九月二日のミズーリ艦上における降伏文書調印。日本は敗れた。戦争による日本人の死者は約二百二十一万人、アジア各地で犠牲になったひとびとは、その何倍にも上る。

われわれ二十一世紀の日本人はここから何を学ぶべきか。卑屈な「自虐史観」や幼稚な「自慢史観」を超えて、何を学んだらいいのだろうか。

扉写真＝戦時中ポスター

保阪　僕は『「特攻」と日本人』（講談社現代新書）という本を書きましたが、やはり特攻に行った人たちに対しては万感の思いがあります。特攻についてはさまざまな意見がありますが、「英霊論」も「犬死論」も、どちらも生者の傲りを感じる。まず指摘しておきたいのは、あのやりきれない作戦については、先ほどから話しているとおり、無能な指導部の責任が大きいということです。

戸高さんがご指摘のように、戦争とは軍事力プラス精神力です。だから軍事的にゼロの状態になったとき、残された精神力だけで戦おうとして、特攻を行った。しかし考えてみると、軍事力がゼロの状態で、戦争を継続する必要があったのか。そこまで突き進んでしまうのが日本人の文化、精神のありかただろうか、もう一度、歴史的に検証してみないといけない。

一方で、特攻というかたちで日本の精神力の最大限を示したことは、否応なしに、現代にも影響を及ぼしている。ある意味で特攻が、戦後日本の安全保障上の抑止力となったのも事実ですからね。

中西　ひとつの民族が歴史の記録に残る、あれほどの愛国心と抵抗を示したことは、戦争の勝敗を超えて世界史に残る。それが戦後日本の隠れた抑止力になっているんです。毛沢東もスターリンも金日成も「神風特攻」を知っている世代ですから、冷戦期も、日本には下手に手をだせないと思っていた。戦後のアメリカも、自分たちの軍事力にタダのりしながら反抗する日本に対して、「寝た子を起こすな」と考えて日本の我ままな主張を呑みましたが、その理由のひとつが、特攻の記憶だったはずです。

私がヨーロッパに留学していたとき、ギリシャ人やトルコ人の同級生がやってきては、「おかしい。お前が日本人ならば、もっと献身的にきびきび行動するはずだ」と言うんです。本来日本人は献身努力するはずなのに、怠惰な日本人もいるのは発見だ、と(笑)。聞いてみるとやはり、日本人のイメージは、圧倒的に大戦中の「特攻」であり「サムライ日本」なんですね。これは外に対しては大きな抑止力だ、と思いました。

福田 「特攻の父」といわれた大西瀧治郎*中将は、「これで日本民族は一万年大丈夫だ」と言ったといいます。もちろん、国際関係の抑止力になるという意味もありますが、保阪さんがおっしゃったように、日本人の青年の意思がはっきりと結晶化されて刻まれた、そのこと自体に意味があったということでしょう。

同じことを、坂口安吾*は戦後、「特攻隊に捧ぐ」で逆の視点から書いています。「はじめから特攻すればよかった。それだけであの戦争の意義はあった」と。しかしこの文章は、

GHQによって発禁処分にされました。

志願か命令か

戸髙　神風特攻の発案者は、大西瀧治郎中将だと言われていますが、これは事実とは違います。

実は、軍令部は、昭和十八年の夏か秋ころには特攻の準備を始めていたんです。山本五十六長官が昭和十八年四月に亡くなり、連合艦隊の嫌われものだった黒島亀人*参謀が更迭されて、軍令部にいくと、すぐに「体当たり作戦」、つまり特攻の準備を始めます。

大西瀧治郎（明治二十四〜昭和二十）横須賀航空隊副長、第一連合航空隊司令官、第一航空艦隊司令長官などを経て、二十年五月、軍令部次長。二十年八月十六日、自決。海軍中将。

坂口安吾（明治三十九〜昭和三十）昭和二十一年四月、旧来の価値観を否定する「堕落論」を発表し、敗戦直後の社会に衝撃をもたらす。太宰治らとともに戦後文学の旗手といわれた。

黒島亀人（明治二十六〜昭和四十）第二艦隊参謀などを経て、昭和十四年十月、連合艦隊参謀。十八年七月、軍令部第二部長、後に第四部長兼任。海軍少将。

十九年の春から、回天や桜花など、いわゆる人間魚雷や人間ロケット弾の開発が始まっている。これは体当たり以外には使えない兵器ですから、特攻はすでに決定事項なんですね。マリアナ戦かレイテ戦で使う予定でしたが、間に合わず、そうこうするうちに、やむを得ず、零戦での特攻が最初になったわけです。大西中将は引き鉄を引く役を負わされたのです。

特攻は、熱意あふれる下士官が自主的に考えついたものではない。軍上層部がしっかり計画して命じた攻撃だということは、銘記すべきだと思います。

保阪 昭和十八年に、海軍侍従武官だった城英一郎*大佐が、「自分を扶桑、山城でサイパンに乗り上げさせてくれ」と頼んだのが、最初の特攻案だったという説がありますね。侍従武官という立場とも、関係があるのでしょうか。

戸髙 いえ、城大佐は、海軍の作戦としての特攻案というより、個人的な焦燥感から、体当たりさせてくれと言ったと思いますね。のちに空母の艦長として戦死しています。

半藤 いまの戦艦山城でのサイパン突入の話は、神重徳《じんしげのり》作戦参謀の発案です。

中西 昭和十八年という年にポイントがあると思うんです。一月に、ルーズベルトとチャーチルが「枢軸国には無条件降伏しか認めない」というカサブランカ宣言をします。すると日本人は「無条件降伏か、さもなくば玉砕で全滅か」と考えざるを得なくなる。「玉砕」というものが、国民意識にぐっと浸透していくわけですね。四月に山本五十六が戦死し、そして五月にいよいよ「アッツ島玉砕」がきます。十月に学徒動員の神宮壮行会があり、日本中が「海行かば」一色になっていくわけですね。『万葉集』への先祖帰りが始まってくる。

福田　「玉砕」の語源も気になります。この出典は中国南北朝時代の「北斉書」、「大丈夫寧可玉砕、不能瓦全（玉となって砕くとも瓦となって全からじ）」からです。漢籍を使うことで全滅のイメージを美化するまやかしの効果があると思うんですが、こういう言葉を誰が探してきたんでしょうか。

保阪　全滅を「玉砕」と表現したのは、おそらく陸軍報道部の発表が最初です。そういえば、日中戦争のときは、体当たりを「肉弾吶喊《とっかん》」と書いてました。たしかに「肉弾」よりは「玉砕」のほうが、生々しさが隠されてしまいます。陶酔感もでている。

半藤　山本五十六は、部下が特殊潜航艇で真珠湾に突入したいといったとき、許可しな

城英一郎（明治三十二～昭和十九）第一航空戦隊参謀などを経て、昭和十五年十一月、侍従武官となり、十九年二月、空母「千代田」艦長。十九年十月、比島沖海戦で戦死。死後、少将。

かったんです。九死に一生ならともかく、「十死零生」ではだめだと。自分が責任をもてないことを命令してはいかん、というのが指揮官の覚悟でしょう。ところが、特攻作戦を命令した人たちにはその覚悟がない。特攻は志願によるとされていますが、ほとんどが命令なんです。特攻で死んだ日本青年たちの精神を考えるとき、同時に、それを命じた日本人の堕落ぶりを忘れてはいけないと思います。

戸髙　最大の罪は、特攻に行く青年を、指揮官が「俺もあとに続くから」と送り出していることです。しかしほとんどの指揮官は、八月十五日の終戦を迎えるとそんな約束などすっかり忘れて、「戦後復興に力を尽くすほうが大事だ」と言い出す。そういう人々がつくった戦後とはすなわち、命を懸けた約束を破ってもいい、嘘をついてもいい戦後ではないですか。これが戦後の日本をダメにしている。

保阪　その通りですね。僕は陸軍特攻を進めた司令官のTやSのようなタイプは、海軍の大西中将のように腹切って死ぬべきだとまではいわないけれど、蟄居するとか、さまざまな責任のとり方があると思うんです。それを戦後も平然として生きて、あまつさえ、特攻は志願だなどというのは腹が立ちますね。

中西　ドイツにも特攻があったのか、気になって調べたことがあるんです。ドイツには日本人の精神構造と似た部分がありますから。やはり、ヒトラー・ユーゲントなどに特攻志願者は結構いたけれど、優秀な青年には特攻を禁じたという。なぜかといえば、戦後に備えるためです。敗戦まぎわの戦争よりも、その後のドイツの興隆を考えている。ほかにもドイツの情報機関は、膨大なソ連資料を保存して、戦後、アメリカとの取引材料にしています。

日本で、こうした戦後の国家経営を考えていた層はあるのか。おそらく皇室、それから陸軍中野学校*関係者にはあったでしょう。小野田少尉*のような、残置諜者の思想ですね。他にも戦後を見すえている人々はいたはずです。しかし全体として日本には、日々特攻に送り出される青年を見ながらも、戦後に英才を残し、取引材料をつくるという思想はなかったのです。

陸軍中野学校　昭和十三年七月に開設された諜報謀略要員養成のための機関。のち東京・中野に移転した。

小野田（寛郎）少尉（大正十一〜）陸軍中野学校二俣分校を卒業後、第一四方面軍情報部に配属され、敗戦後もフィリピン・ルバング島にとどまる。昭和四十九年三月、帰国。陸軍少尉。

戦艦大和を造った日本人

加藤　戦艦大和も、最後の沖縄出撃はあきらかに特攻でしたよね。

戸高　ええ、もう沈むとわかっているので、出撃のときに、乗員それぞれが故郷に向かって敬礼していこうと。

半藤　やっていることは明らかに特攻作戦なんですけれど、海軍では特別攻撃隊として扱われていません。だから戦艦大和で亡くなった方は二階級特進してないんです。大和一艦で、飛行機による特攻隊全員より大勢の方が亡くなっているのに。海軍は恩給をケチって、特攻扱いしないんじゃないかと思ってたんですが、よく考えると、伊藤整一*司令長官が大和の沈没直前に作戦中止命令を出しているから、そのせいかもしれない。

戸高　でも乗員は「特攻作戦」といわれて死んだのだから、いまからでも特攻扱いにすればいいのにと思いますけれど。

保阪　あれだけ攻撃されれば、大和の性能からいっても沈没は仕方がないという状況だったんですか。

戸髙　ええ、設計上耐えられる数倍の攻撃を受けてますから、やむを得ないでしょう。大和は「世界一」と称されますが、実は、技術的に突出したところはそんなに多くはないんです。当時、戦艦は国防の根幹ですから、あまりに先端的な技術を投入して失敗すると、損失が取り返せない。だから設計は八割主義で、無理せずつくっています。

大和は、ヨーロッパの戦艦の歴史の、結論部分だけを切り取って輸入したようなものなんです。巨大戦艦の図面だけなら他の国でも引ける。しかし、日本には、それを図面どおりに作り上げられる巨大な施設と、高度な技術をもった職人がたくさんいた。それが大和のすごいところなんです。

当時の職人には、休憩時間手すさびで厚い鉄板を桜型に切り抜いて、それにちょっと油を塗って、同じく桜型に切りぬいた鉄板にはめ込んだら、ぴたりと入って切り口すら見えなくなったという。そんな職人がたくさんいたんです。

福田　今でも、世界一精度の高い金型をつくるのは、コンピュータではなく、天才的な

伊藤整一（明治二十三〜昭和二十）軍令部次長などを経て、昭和十九年十二月、第二艦隊司令長官。二十年四月、「大和」を旗艦とし、沖縄方面に特攻出撃、戦死。死後、海軍大将。

町工場の職人だったりしますからね。

戸髙 組織的な生産管理能力も高かった。大和をつくるとき、呉工廠では、資材置き場の位置も全て変えたんです。建造するとき、ちょうどいいタイミングで目の前に材料がくるように段取りをします。

半藤 トヨタ方式みたいなものですね。それにしても、ちょっと前までチョンマゲつけていた民族が、五十年たたないうちに、これだけの戦艦をつくるんですからねえ。技術の導入からいうと、ありえないほどの急角度の成長です。

戸髙 零戦にしても、わずかの期間で、抜群の航続距離と戦闘能力を誇る飛行機を造れるようになった。アジアの国で自前で航空エンジンを製造できるようになったのは結局日本だけです。

なぜ、それが可能になったか。やはり、兵隊の戦闘力の高さと同じで、日本の組織は、末端の力が素晴らしいんです。そして末端の兵隊や技術者であっても、特殊な技能をもった人は評価され、尊敬される。それは、江戸時代の職人からの伝統かもしれませんね。

逆に、昔の中国のように職人を敬わず、偉い人間はモノをつくらないで買うだけという国だと、何十年たっても技術は進歩しないでしょう。

保阪　大和の歴史は、まさに昭和十年代の、戦争への歩みを象徴してますね。大和の建造計画がはじまったのは昭和八年、十二年に建造が始まって、十五年には完成して進水式をおこなう。これは国際連盟脱退から、盧溝橋事件、三国同盟へという国の歩みと共鳴しあっています。そして最後は、昭和二十年の敗戦を前にして、特攻作戦で大和も海に沈む。

戸髙　そうですね、零戦も同じく昭和十二年に開発が始まり、昭和十五年に制式採用されました。この年は皇紀二六〇〇年で、紀元のゼロをとって、「零式戦闘機」と命名されます。零戦も大和も、昭和十年代の、戦争に対する認識と技術レベルとが、縦横に織りあわされて完成したんです。

福田　日本の組織のよさであり、弱点にもなっているのは、属人的な能力に頼りすぎてることですね。優秀な兵隊や、修練をつんだ職人、そういう名人芸には代わりが見つからないでしょう。

大ベテランでなく、まったくの素人を使って効率を上げて、成果を出すシステムを作るという発想も試みも、しなかったように思います。代替がきいて、持続可能な体系をどう作るかということを、一度も真剣に考えなかった。

アメリカは逆に、ちょっといい加減な人、能力が落ちる人が混ざっても、機能するようなシステムを考える。同じ部品で取替えのきく兵器をどんどん量産していきます。兵器もそうですね。手腕をとわれない、大馬力、大火力で作りやすいものを、大量に生産する。もちろん国力が背景にあってのことですが、社会工学的発想としても戦時的です。ドイツはやはり日本と同じく、マイスター、職人芸を尊ぶ国ですが、大戦中、シュペーアが軍需相になった頃から、アメリカ型の量産主義に転じていく。この問題は、現在の日本にも残されていると思うのですけれど。

半藤　日本海軍は技術の妙を誇って、いろいろ違うかたちの軍艦を建造しています。でも、アメリカがどんどん同じ形で量産する船に沈められてしまう。日本も最後のほうでようやく気づいて、「雑木林」とよばれた同じ形の駆逐艦をどんどん建造しますが、時すでに遅かった。

あの敗戦から学ぶこと

中西　しかし、イギリスもアメリカも、日本の技術力をつねに過小評価するのです。それに戦争直前でも日本の戦闘力をたいへん低く評価していた。だから、イギリスにとって、シンガポールを日本にとられたのは「世紀の悪夢」で、いまだにその原因について大議論しています。

戸髙　チャーチルは号泣していますね。十万人の捕虜を出していますから。

中西　日本近代史の最大の問題は、中国人も含めあらゆる勢力から、日本の力を正しく評価されたためしがないことです。対米英戦だけでなく、戦後の高度成長や、日露戦争もそうですね。どうしてかというと、彼らの問題でもあるけれど、われわれが等身大の日本人の能力や姿を発信できてないからでしょう。

半藤　開戦前のルーズベルト大統領も、日本人はみんなメガネをかけた近眼だから、機関銃撃っても当たらないんだ、と馬鹿にしていた。でも緒戦に勝った日本人は、こんどはアメリカとイギリスを、弱いと馬鹿にするんだから、お互いさまなんですが。

「攻勢の限界点」を超えた日本人

中西　自分の身の丈を知るということが大事なんです。

以前、旧満鉄線にのって大連からハルビンまで旅行したんですが、瀋陽からあがっていきますと、長春の手前の四平街までくるとガラリと景色が変わって、いわばシベリアの光景になる。五月でも木々は芽生えず、遮るものなき大平原です。それを見たとき、「日本人はこんなところまで進出すべきじゃなかった」と肌で実感しました。先の大戦は、われわれの身の丈を超えて、外へ外へと出ようとしすぎたんじゃないでしょうか。

半藤 当時の日本人の意識では、日本本土を守るには、どうしても朝鮮半島を押さえなくてはならない。朝鮮半島を守るためには満州へ、満州を守るには北支を押さえなくてはならないと。最後には、世界征服するしかなくなるんです。

南方も同じで、日本本土を守るために、マリアナ諸島へ、次はマーシャル諸島へ、そしてラバウル、ガダルカナルまで行かなければならない、と考える。

どうも、日本人はじっくり腰をすえて守るのが苦手なんですね。最前線に出ていないと守りきれないと思って、前へ、前へと出ていってしまう。軍事的にいう「攻勢の限界点」を超えています。その失敗を弁えることが、あの戦争の最大の教訓だと思います。

中西 昭和十七年五月、ミッドウェー海戦の一週間くらい前に、シドニーに日本の特殊潜航艇が攻撃に行きます。驚いたのは、同じ日に、マダガスカルの軍港にも日本海軍の潜航艇が突入し戦果を挙げている。さらにはカリフォルニアでは日本の潜水艦が浮上して砲撃をしているんです。何というスケールの大きさでしょう。もう「攻勢の限界点」どころじゃない。世界一周しそうな勢いですよ。

半藤　マダガスカルなんか、何のために行ったんだか。

戸髙　一時セイロン島攻略なんていう話もありましたね。

中西　少なくとも、チャーチルをびっくりさせてはいる。『第二次大戦回顧録』を見ると、驚きつつ、なんというすごい兵士であろうか、彼らは真の英雄だと褒め称えているんですね。まあ、作戦の狙いとして何しに行ったかは、わからないんですが。

保阪　「攻勢の限界点」については、陸軍の勉強会でもずいぶん研究していたようです。参謀本部の作戦参謀に話を聞くと、やはり「攻勢の限界点」という言葉が出てくる。でも、現実の作戦ではまったく考慮されていないんです。

これは日本型組織の問題なのかもしれませんが、本音は言わないままで、お互い少しずつ目標値をあげていくうちに、いよいよ収拾がつかなくなる、虚構が肥大化する、そしてどうにも対応できなくなる、という癖があるように思います。

加藤　敗戦の理由ということでいいますと、まあ敗けるべき戦争を始めてしまったことに尽きますが。南原繁の歌集『形相』に、真珠湾開戦の日に詠んだ歌「人間の常識を超え学識を超えておこれり日本世界と戦ふ」がありますが、まさにそのような感じです。日本の場合は、日露戦争の影響が強すぎたんじゃないかと思います。それは司馬遼太郎のいうような、日本海海戦の成功に囚われたとか、成功体験に過剰適応したというレベルではなくて、日露戦争の失敗体験も、トラウマとして引きずった点が大きい。

たとえば、大正十四年に、谷寿夫*が陸軍大学で講義した『機密日露戦史』をみると、日露戦争の開戦期日が実のところ、余りに元老や政治家に左右されて遅れてしまった点を反省して、開戦期日決定のイニシアチブは統帥系の軍人がとるべきだ、と結論づけてしまっています。

近衛文麿は、内閣を組織していた時期を通して、大本営に首相も臨席することで第一次世界大戦期の欧州諸国の戦時内閣のように機能させようとめざしていました。私は、それが実現していれば面白かったと思うのですが。軍が許さなかったのは、戦争をいつ始めるかについて、日露戦争の失敗にこりて他の容喙を許さなかったからだと思うわけです。

戸髙　失敗の反動が出るんですよ。たとえば「戦陣訓」*です。「生きて虜囚の辱《はずかしめ》を受けず、死して罪禍の汚名を残すこと勿《なか》れ」と教えて、評判が悪い。しかし、あれは日露戦争のときに、陸軍の投降が予想外に多くて、しかも捕まったときの教育を受けていないから、何でも喋ってしまう。これは困ったというので「戦陣訓」が作られると、こんどは逆に、捕まるくらいなら死ね、という反動になってしまったんです。

福田　「戦陣訓」は、昭和十六年頃つくられたもので、島崎藤村が文案作成にかかわってますね。

半藤　あんなに美意識的なかたちで「戦陣訓」がつくられたのは、日本にとって不幸なことかもしれません。「軍人勅諭」も名文ですが、こちらは西周《あまね》*がつくった。名文はよく

谷寿夫（明治十五〜昭和二十二）大正十三年二月、陸軍大学教官。第六師団長、中部防衛司令官などを経て、第五九軍司令官。第六師団長時代に起きた南京虐殺事件の責任を問われ、昭和二十二年四月、中国で刑死する。陸軍中将。

戦陣訓　昭和十六年一月八日に東條英機陸相名で陸軍全軍に通達された。

西周（文政十二〜明治三十）幕末にオランダに留学。初期の陸軍で要職を歴任するが、軍を離れ、東京学士会院会長、東京師範学校長、元老院議官などを務める。

ありませんな。

中西　西周も、島崎藤村も、「明治の精神」の人ですよね。その精神とは、意気や壮たれ、しかし実際は現実的にやろう、というものでした。そのうち「明治的叙情」の面だけが、まったく場違いな二十世紀の世界大戦の場に出てくるのが、近代日本のねじれの象徴ではないですか。

明治維新で四民平等になり、職業軍人はサムライ文化を継承していきますが、他方、召集兵は、大正の近代化の中で「市民」になっていたから、必ずしもサムライになりきれないまま苛酷な戦場へ出てゆかざるを得なかった。

すでにサムライでも農民でもない、新しい近代人が誕生していたのです。総力戦の時代に突入して、彼らを動員し統合するために、無理やり「全員サムライになれ」と明治型の世界に戻そうとした。でも、いまさら戻らない。

その軋轢を解消するために、「明治的叙情」をひっぱりだしてきて、最後には「海行かば」や「必勝歌」で『万葉集』に先祖帰りしていく。日本人はサムライになれないとしたら、さらに遡って「防人《さきもり》」になるしかなかったのではないですか。あれは、日本文明史に流れる地下水脈の表出だったと思います。そして戦艦大和の最後や、零戦特攻も含めて、大戦末期は、近代と古代が一つになって「明治の精神が昇華した瞬間」だったという気がしますね。

第二部　あの戦争に思うこと

空しかった首脳会議

半藤一利（作家）

歴史に「もしも」はないけれども、昭和十六（一九四一）年夏、ときの近衛文麿首相がアメリカ側に提唱した近衛首相・ルーズベルト米大統領の会談、今日でいうサミットが実現していたら、ギリギリのところで対米英戦争を回避するための絶好の機会となったのではないかと、ときどき残念に思うことがある。じつは本書の百二十一ページで、その近衛とルーズベルトとの首脳会談について、ちょっとふれている。このことについて補遺として少々くわしく書いておきたい。それは第六章の見出しの「新聞も国民も戦争に熱狂した」とも関連のあることでもあるからである。

ただし、あのさし迫った時点では日本側がなにをやろうと、時すでに遅し、すべては徒労にすぎぬ、と一笑に付す人が多い。あるいはアメリカの謀略にひっかかっただけだとも。が、丁寧に検討してみる価値もあろうかと考える。米駐日大使ジョセフ・グルーも、戦争がはじまり交換船で帰国してのち、「この会談が実現し、合意に達していたならば、日本の真珠湾攻撃はおそらく起こらなかったであろう」と、米国務省のとったやり方についての不満を、ルーズベルトに訴えている。

このとき、近衛は日中戦争をずるずる拡大させたときの、優柔不断の「弱いリーダー」とは別人のような、きつい意思とやる気をみせている。いまの勢いで推移すれば二、三カ月後には日米戦争の悲劇がはじまるであろうと真剣に憂え、みずからがルーズベルトと直接に会って平和を訴える、という最後の手段にうって出ることをまさしく決意している。それで八月四日、陸相東条英機と海相及川古志郎の両大将をよんで、為政者としての義務と決心したところを近衛は打ち明けた。

「これまでの交渉には双方の誤解もあり、感情の行き違いもあって、真意の徹底しない憾みがあった。このまま尽くしうる一寸の道を残しつつ戦争となっては、陛下にたいし奉っても、国民にたいしても誠に申し訳が立たない。私はルーズベルト大統領に会い、大胆率直に真意を披瀝して諒解をとりつけることに最後の努力を傾注したいと思う」

と、いつもと違って諄々と語った。

「この会談は、戦争を賭しての会見となる。それまでは手をつくすだけつくす。そこまで努力して戦いとなるのであるのなら、国民にも真に已むをえずとの覚悟をうながし、諸外国にも侵略に非ずとして理解もえられることであろう」

陸海両相は、近衛の熱情に胸打たれた面持ちで、黙って聞いていたという。

海軍側はその日のうちに全面的に文句なしの賛意を表明して、会談の成功を期待すると口頭で伝え、陸軍側は翌日に文書で条件つきで賛成を申し出てきた。その条件の一つは、万一にも会談に失敗した場合には、近衛は辞職することなく、対米英戦争の陣頭に立て、という申し入れであった。

近衛は俄然意を強くして、八月六日正午すぎ、昭和天皇に自分の決意のほどを奏上する。天皇は深く感動した様子を示したが、とくに断定的なことは口にされなかった。しかし、その翌七日午後になって、近衛は急ぎ参内するように命じられ、ふたたび天皇に会った。このとき、はじめて天皇は親しく声をかけて、

「対日石油禁輸の問題の解決は、分秒を争うように思う。このさい、大統領との会談は緊急のこと、急いですすめるように」

と、むしろ督促するかのようにいった。

こうしてこの日、近衛は天皇の強い激励と、海軍と「穏健派」重臣の後楯もあって、ワ

シントンの野村吉三郎大使あて、首脳会談提案にたいする米国政府の意向を打診せよ、との最初の訓令を送った。いっぽう、近衛自身もグルー大使と面会し、首脳会談への強い希望を伝えた。このとき、この会談で、国交調整の基本方針の合意がえられたならば、直接に天皇と連絡をとり、その裁可を仰ぐつもりであるという極秘の決意を、近衛はグルーに語っている。

グルーはさっそくワシントンに報告し、進言する。近衛は日独伊三国同盟締結の誤りに気づき、離脱への勇気ある努力をしつつある。米政府はこれを認め、彼の意図を今回こそは真摯なものと受けとめ、首脳会談の提案を承知すべきであると。

しかし、マルス（戦いの神）は意地悪くできているらしい。日本が提案をおこなうに、これ以上に不運な時期はなかったのである。米海軍が日本の外交暗号の解読に成功していらい、日本の国策方針や行動のことごとくが、コーデル・ハル国務長官以下の外交筋の高官たちからは、単に南方への侵略政策をごまかすためのものとみられていた。とくに提案直前の七月二十八日の日本軍の南部仏印進駐は致命的であり、最高に不信感をもったときに、首脳会談の提案がもたらされたのである。

提案を受けとったハル長官は、野村大使にニベもなくいった。

「日本の政策に大きな変更なきかぎり、大統領が首脳会談にのりだす必要はない」

ハルの外交方針は、「日本の侵略は軍事力以外で阻止できない」というもので、対日戦争をすでに覚悟してはいるが、「問題は、ヨーロッパでの対ドイツ戦争の情況がもっとクリアーになるまで、いかに長く、アジアの緊急事態を策をもって延引しうるか」という一点においている。ハルは海軍長官ノックスにつねづねいっていた。「とにかく外交的には頑張りぬく。しかし、太平洋の情勢はもはや外交ではなく、いつなんどき軍事問題に転回するかもしれない。そのつもりで」

近衛の絶体絶命の崖っぷちに立っての、せっかくの熟慮と決意も、はじめからアメリカに通じていなかったとみるべきか。

しかも、折からルーズベルトは英首相チャーチルと大西洋上で会談するため、ワシントンを離れている。ために直接に野村大使からの説明を聞く機会をもつことができなかったのである。将棋でいう手順前後もいいところである。歴史の皮肉というほかはない。

それでも八月十一日、大西洋上で報告をうけ、近衛提案をめぐって、米英両首脳はこんな意見を交換している。

ルーズベルト　日本政府が、南太平洋地域にこれ以上軍隊を進めず、いま仏印にある軍隊を撤退する、と公約すれば、会談に応じてもいい。しかし、依然として軍事拡張の行動をつづけるなら、戦争となるとわかっても、強硬な措置をとらねばならない。そう日本政府にいうつもりである。

チャーチル それはよい手順であると思う。日本人のメンツが立つ要素を十分にもちながら、明白な警告になっている。

ルーズベルト 日米交渉を再開するとすれば、この措置をとることによって、少なくとも一カ月は日本の侵略行動をとめることができると思う。

一説によれば、このときルーズベルトは「私は日本を三カ月間あやしておける（to baby）と思う」と発言した、ということになっている。

八月十七日、ルーズベルト大統領はワシントンに戻ると、すぐにハルと協議する。そのあとで、日曜日であったけれども、野村大使をホワイトハウスに招いた。そして、大統領は二つの提案をする。一つは日本のこれ以上の武力南進にたいする強い警告であり、一つは首脳会談の提案にかんする回答であった。

「会談の場所は、ホノルルへいくのは困難である。といって、近衛首相がサンフランシスコやシアトルへ来ることも困難であろうから、東京とワシントンの中間にあるアラスカのジュノーはどうであろうか」

という大統領の愛想のいい言葉に、野村は躍る胸をおさえながらいった。

「お返事には十日はかかると思います。お待ちいただきたい」

「承知した。気候としては十月中旬ごろがいいであろう」

とルーズベルトは最後まで笑顔を消さなかった。困った提案であるが、乗ってみるかという気にもなっていたのであろう。大喜びした野村は十八日づけの電報でつぎのように外相豊田貞次郎に報告する。

「大統領は友好的で、日本をまったく排斥しようとはしていない。警告はいわば参考資料で、アメリカの政策の重点は交渉再開と首脳会談にある」

この報告をうけて、東京は急速に動き出した。八月十九日にグルー大使は電報をホワイトハウスへ打った。

「首脳会談申し込みは日本の未曾有の試みである。天皇の承認をえている」

近衛は勇み立った。友人の貴族院議員の伊沢多喜男が「殺されるぞ」というと、「生命のことは考えない」と胸を張った。「いや、生命のみではなく、アメリカに祖国を売ったとの汚名が永久に残るぞ」といわれて、「それでも結構だ。生命も名誉もメンツも度外視している」と堂々と答えている。

八月二十八日、野村はやっと送られてきた大統領あての近衛の書簡《メッセージ》と、日本政府の回答を、ルーズベルトに手交した。

「近衛書簡《メッセージ》は実に立派なものと思う。ジュノーで三日間位たっぷりと話すことにしたい」

と大統領はニコヤカにいい、さらにいった。

「近衛公は英語が話せるか」

野村がもちろん話せると勇んで答えると、ルーズベルトは、

「ザッツ・ファイン」

といい、さらに「七月の、貴下とハル長官との話し合いの最中に、仏印進駐が行われたように、まさかジュノーでの会談中にタイ国が侵略されるようなことはないでしょうな」

と冗談までいうのであった。

何もかもうまく運びそうであった。近衛は腹心を多数集め、陸、海、外の各省から随員の選考をはじめる。陸軍はいち早く土肥原賢二中将を全権の一人に予定し、随員として軍務局長武藤章少将、戦争指導班長有末次《やどる》大佐、さらに石井秋穂軍務課高級課員、杉田一次米英班長らを内定した。海軍は前海相吉田善吾大将、軍務局長岡敬純少将、石川信吾軍

務第二課長らを選んだ。そして郵船会社の優秀船新田丸を徴発し、無線の新装置などを施した上で、横浜港内に繋留しておくことまでひそかに決定された。

ところが、何とも不運なことは、ほとんど時を合わせるように、近衛書簡の内容の概ねが洩れてアメリカの新聞に発表されてしまう。すべてを極秘裡に運んでいた日本政府は、これにはあわてふためかざるをえない。急いで国内報道を禁止したが、ザルの目から水がこぼれるように然るべきところに流れでていく。日本政府はアメリカに泣きをいれた！

対米強硬・親ドイツ派の右翼や少壮軍人や軽噪な言論人は、この報に激昂した。「近衛の軟弱外交をやめさせろ」「近衛を殺っちまえ」。いや過激派ばかりではない。「九月三日米海軍省の発表によれば、本年一月から九月までに進水した艦艇二百四十九隻、完全就役が二百十三隻」といった新聞記事に焦燥をかりたてられ、また「重慶政権ならびに蘭印にたいする援助は、ますますその量を増加しているばかりではなく、このほど軍事使節も派遣した」という大統領演説の記事に、一般の国民の気持までもがぐんぐん激越になり、アメリカにたいする敵愾心をいっそう燃え立たせることになる。単に言葉だけではなく、現実に近衛を襲うものまで出た。

さらに、陸軍統帥部の対米主戦派の参謀たちのなかには、近衛全権団が横浜に向かうときには、六郷橋で待ち伏せをし、一挙に爆弾で吹き飛ばしてしまう計画を練りだすものまでがいたのである。

そして、九月一日、それは決定的な日となった。野村と会見したとき、ハルはきびしく日本の新聞が侵略政策と反米運動を煽動していることを非難して、いい放った。

「もし日本政府が自国の世論を抑えることができなければ、貴政府とわが政府がどんな和解策を結ぼうとも、日本国民の支持をうることができるという保証はないではないか」

ハルの疑惑と不信はルーズベルトにもそのまま移っていく。九月三日、近衛書簡にかんする正式回答を渡すからと、野村をよんだ大統領ははっきりといった。

「日本のある方面に、日米双方が望んでいる協調の成功を妨げようとする力のあることを認めざるをえない。ゆえに、この首脳会談を成功させるためには、念のため、重要なる問題についての予備会談をさきにひらくことを、私は切望し提案する」

野村は一言もなく、しばらく大統領の顔をみつめるばかりであった。もはやそんな時間的余裕はない。それに予備会談をひらいたところで、どんな合意ができるというのか。日本国内の世論の熱狂が、アメリカ首脳にいい口実を与えたことになる。こうして一気に、首脳会談の望みは微塵に砕け散ったのである。

八月九日の最高戦争指導会議

保阪正康（ノンフィクション作家）

日本が〈敗戦〉の意思を固めていくのは、昭和二十年八月九日からだが、この九日の日を詳細に分析してみると幾つかの重要な史実がわかってくる。誰がもっともこの意思を鮮明にしていたのか、大本営や陸海軍省の責任者はどのような態度をとったか、そして昭和天皇は事態をどのように見つめていたか、そうしたことを整理してみることは「日本敗れたり」の最終的な局面を確かめることになるのである。

そこで八月九日という一日を、主に文官側の資料をもとに考えてみることにしたい。鈴木貫太郎内閣の外務大臣、東郷茂徳による回想録（『時代の一面』）、国務大臣兼情報局総裁、下村海南の『終戦秘史』、木戸幸一の『木戸幸一日記』、そして松本俊一、安東義良監修の『日本外交史25（大東亜戦争・終戦外交）』などを参考にこの日に〈敗戦〉の意思はどのように固まったかをみることで、改めて大日本帝国の解体を確認しておきたい。

東郷はこの日未明に外務省ラジオ室からの電話によって起こされた。「蘇聯が日本に宣戦し、満洲を進撃したことを知つた。即ち八日午後十一時佐藤大使が『モロトフ』委員に面会した時宣戦の通報を受けたのであるが、其会談、従つて宣戦通告の電報は遂に東京には到着しなかつたのである。自分は早朝総理を訪ねて『ソ』聯参戦の次第を伝へ、急速戦争終結を断行するの必要あることを述べたが、総理も之に同意したので、同席して居た迫水書記官長から大至急戦争指導会議構成員を召集することに手筈を定めた」（東郷書）という経緯を記述している。

つまりこういうことだ。六日には広島に原爆が投下されている、そして九日未明にはソ連の参戦がある、ここまできたら終戦、ポツダム宣言受諾もやむなしという考えである。東郷、鈴木はその点で考えがまとまった。『日本外交史』によれば、ふたりの間には「この内閣で始末をつけることにしましょう」との諒解が生まれたというのである。

東郷は海軍省に赴き、米内光政海軍大臣とも会っている。実はこの日朝に内大臣の木戸幸一は天皇にソ連参戦となった以上、ポツダム宣言受諾やむなしとの意見を伝えているが、木戸の日ごろの天皇との関係からみて、このようなことをいうのはきわめて珍しいことだった。それだけ木戸にも焦りがあったということだろう。木戸は天皇から次のように言われたという。

「戦局の収拾につき急速に研究決定の要ありと思ふ故、首相と充分懇談する様に」

天皇の意思は「戦局の収拾」に固まっていることがわかる。

木戸はこの言を受けて鈴木と相談している。鈴木はその前に天皇に会っているのだが、このときどういう会話が交されたかはわかっていない。木戸は重光前外務大臣や高松宮とも連絡をとっているが、天皇の意思をさりげなく伝え、即刻停戦が望ましいという点で意思統一を図っている。

鈴木の提唱により午前十時半から最高戦争指導会議が開かれている。このころの国策を決定する最高機関といってもよいが、六人の出席者（鈴木首相、東郷外相、阿南惟幾陸相、米内光政海相、梅津美治郎参謀総長、豊田副武軍令部総長）である。この会議の冒頭で鈴木は「現状からみるとポツダム宣言の受諾もやむをえないと考えるが、それぞれの意見を聞きたい」と各自に発言を促した。鈴木がここまで明確にポツダム宣言受諾を前提にするような発言をすることは珍しいことでもあった。

東郷がすぐにその発言を受けて、「自分は事態益々切迫して勝利の成算立ち難い今日に於ては直に和平に応ずる必要があるので速に『ポツダム』宣言を受諾することを適当と認める、又條件は日本にとつて絶対必要のもののみに限る必要がある」（東郷書）と述べている。これに対し、阿南、梅津、豊田はポツダム宣言を受諾するにしても、「国体護持についての留保はもちろんのこと、そのほかに保障占領の問題、武装解除の方法、戦争犯罪人の処罰問題をも条件とすべきだ」と主張している。ポツダム宣言には曖昧な表現が多いがそれでは困る。四つの条件をつけろとの意味である。

この四条件については、大本営陸軍部の作戦部長宮崎周一の『宮崎周一中将日誌』が八月九日の日記でこの会議についてふれ、四条件を次のように書いている。

「1. 国体護持　絶対
2. 右ノ外　武装解除ヲ除去
3. 戦争責任者ハ自ラノ問題ニシテ之カ引渡ハ拒絶
4. 帝国本土ノ占領軍ノ拒絶」

受諾派に対し、継戦派のつきつけた条件がこれだともいえる。国体護持は六人に共通であったが、これをわかりやすくいうと、「占領軍は我が本土に上陸せざること」「我が在外軍は所在に於て無条件降伏の形式をとらず、自発的に撤兵《てっぺい》し復員《ふくいん》すること」（下村書）という意味になる。そのほか梅津は、戦敗国としての賠償についてはどれほどの額が要求されるのか、東郷に質したとされる。こうした条件を見る限り、軍事指導者たちはきわめて虫のいい考えに捉われていたことになるだろう。ありていにいえば、敗戦という事態を受けいれるには「面子が許さない」との思いに捉われているのである。

東郷は次のように反論している。東郷書からの引用である。

「最近英米『ソ』支の状勢から見れば多数條件を出す時には拒絶せらるゝ懸念が甚大であり根本的に不成立となることも予想せらるゝから、軍に於て戦争を継続し勝利を得る見込がない以上條件として先方に提出するものは最少限に止むる必要がある、無論其他の事項を我方の希望として先方に通ずることは差支へないが、之は條件とは異るのであるから茲に條件として提出すべきは皇室の御安泰と云ふ條件のみに止るの外ないこと」

国体護持以外は条件としては示さないほうがいい、それ以外の三条件をだしても受けいれられないと説いたのだ。東郷に限らず文官側の総意がこの点にあった。こうした論争の時刻に長崎に原爆が投下されているが、この会議にはまだ正確な情報は伝わっていない。

東郷らの受諾派に対し、軍事指導者は継戦を譲らず、しばらくの論争ののち東郷がかなり具体的に軍事指導者に質問をぶつけている。東郷書などを参考にこのときのやりとりを書いてみることにしよう。東郷が尋ねる。

「終戦交渉が決裂したとしても、戦争に勝つ見込はあるのか」

「最後の勝利を得る確算はたたないのだが、未だ一戦を交える力は残っている」

と阿南は答える。すかさず東郷は、「では日本の本土に敵を上陸させないだけの成算は残されているのか」との問いを発している。

梅津は答えている。

「非常にうまくいけば撃退も可能だが、戦争であるからうまくいくとばかりは考えられない。結局幾割かの上陸可能を認めなくてはならないが、上陸に際して敵に大損害を与えうる自信はある」

この答は継戦に自信がないことをよくあらわしている。そこで東郷は激しい口調で次のように質したとある。東郷書から引用することにしたい。東郷（東郷に限らず文官といってもよいが）が軍事に関してこれほどあからさまに口を挟んだのは初めてのことと思われるからだ。

「今の陸軍側の説明からすると上陸部隊に大損害を与へても一部は上陸して来る可能性があることであるが、敵は第一次上陸作戦に充分の成果を収めなくても間もなく第二次作戦に出づるは明らかだ、そして我方では第一次上陸を撃退する為めに飛行機其他の重要兵器は殆ど全部喪失して其後短期間に補充の見込は立たないから、原子爆弾の問題は別としても第一次上陸作戦以後の日本の地位は全く弱いものになつてしまふではないか、即ち日本は尚一戦を交へ得るが其一戦を交へた後の日本の地位を敵国の地位に比較すれば我方は第一次上陸戦以前よりも甚しく不利な状況に陥るのであるから、成るべく此際直に戦争を終結する以外に方法なしと云ふことになる、従て又日本としては絶対に必要なる条件のみを提出して和平の成立を計ることが絶対に必要だ」

東郷が受諾派の意見を代弁する形になっているが、これに対し阿南、梅津、豊田は猛然と反撥する。午後一時半になっても結論はいっこうにでない。午後二時からは閣議を開くことになっているのでひとまず休憩になった。しかし東郷の発言は本質をついていたために、軍事指導者たちの困惑は隠しようがなかった。もしこのとき以外に東郷がこのような意見を述べたなら、たちまちのうちに「統帥権干犯」と指弾されたであろう。歴史的にみれば、東郷の発言は勇気のある発言ということになる。

このあとに開かれた主要会議は以下のようになる。

第一回閣議（午後二時半開会、午後五時半休憩）

第二回閣議（午後六時半再開、午後十時休憩）
第一回御前会議（午後十一時五十分開会、十日午前二時半散会）
第一回、第二回の閣議でも「受諾派」と「継戦派」の間で結着がつかず、結局は第一回御前会議での天皇による「聖断」で日本のポツダム宣言受諾の方針が定まった。しかしこのあとも軍部は避戦を受けいれずに、抗戦の檄を軍内に流している。そこで天皇が召集する形で十四日午前に第二回の御前会議が開かれて再度天皇は「宣言受諾」を明言した。
こうした終戦までの経緯をみると、九日がターニングポイントになっていることがわかる。東郷が前述のように軍事作戦に勇をふるって口を挟んだときに、大日本帝国は徐々に「戦争終結」の方向へ歩み始めたのである。太平洋戦争を始めるときとおさめるときとを具体的に検証してみて、私たちは改めてこの国が〈戦時体制〉をつくりえていなかったことを理解しなければならないし、〈軍事と政治（外交）〉のバランスに欠けていたことを自省しなければならないと思うのである。

私の太平洋戦争観

中西輝政
（京都大学教授）

本文の座談会が終わったあと、「座談会では言い足りなかったこと」や「座談会のテーマにはならなかったが、重要な視点」と思われるものを、書き足す機会が与えられたので、私の視点と関心から幾つかの点を紙幅の許す範囲で論じてみることとしたい。

まず第一に、戦争――つまり昭和の「あの大戦」――についての呼称の問題である。実は私は「太平洋戦争《パシフィック・ウォー》」という呼び方は、文字通り太平洋という、地理的に限られた戦域に関わる一連の戦闘を指す「軍事史的名称」に限定して使用した方がよいと思っている。当然それは「日米戦争」と重なってくる部分が大きいが、日豪戦争、日蘭戦争、場合によると日比（日本・フィリピン）戦争も、含まれてくる。もちろん日本は、太平洋以外でもいくつもの大戦争を同時に戦った。それらをすべてひっくるめて、あの「昭和の大戦」を指すときには、やはり大東亜戦争という名称が用いられるべきだと思う。それは一つには、言うまでもなく昭和十六年十二月の日本政府の決定呼称であったことも大きいが、私が重視するのは、それより四年前の「昭和十二年八月十三日」に上海で始まった日中全面戦争——いわゆる支那事変——から、ソ連軍の対日攻撃が一応終結に向った昭和二十年九月二日のミズーリー号上の降伏文書調印までの日本が戦った戦争全体を指すとき（八月十三日の上海での中国軍の総攻撃をもって、日本にとっての第二次世界大戦が始まったといえる。なぜなら七月七日の盧溝橋事件のあと日中間に明確な停戦協定が成立していたが、八月十三日以後は一切成立しなかった。そして日本にとって、日中戦争の拡大として対米英戦争があったから）、この語が依然として最も適切な歴史的意義をもつと考えるからである。

近年一部で「アジア太平洋戦争」の呼称を用いようとする動きもあるが、いかにも包括性を誇示しているようだが、その決定的な欠陥は、「日ソ戦争」というあの戦争の本質に関わる大テーマが欠落してしまうことに気づいていないことである。要するに、「あの戦争」に何らかの普遍性や客観性を担保したと称して包括的名称をつけることは、そもそもまだ不可能なのである。であれば、各国がそれぞれ自ら歴史的意義を見出した呼称を維持するのが一番よい。あの戦争については、政治的にはさておき、その歴史的意味という点では、日本の内外ともに未だに合意はおろか、「収斂」の徴候さえ見られない以上、それは当然のことではないだろうか。私自身の呼称としては右のように使い、どうしても区別する必要がある場合、支那事変(一九三七—四一年)、そして大東亜戦争(一九四一—四五年)と区別し、他方、満州事変(一九三一—三三年)は全く別個の戦争として扱うこととしている。

呼称の問題と重なってくる、一層重要な問題は、史料の問題である。日本とあの戦争については、これを歴史として見るとき一番重要なことは、それに関わる史料がまだ十分に我々の前に明らかにされていない、ということである。たしかに日本側に関する限り、今日かなりの史料が公開されてきているが、戦勝国側のものは、実質的に言って(中味の重要性に鑑みて)、まだ半分も公開されてはいないと言ってよい。このことはとくに、諜報史料あるいは広義の情報活動についての史料に関してあてはまる。中国に関しては、共産党のものは勿論のこと、国民党関係についても殆ど本当の公開はなされていないと言ってよい。旧ソ連についても、崩壊後ほんの微々たる情報公開が始まったが、大半は実質的に「クローズド」(秘匿)のままと言ってよい。さらにアメリカについても、対日諜報や占領政策関係については大量の非公開文書の存在が知られている(知られてすらいないものが、もっと多くあることは想像に難くない)。有名なところでは「真珠湾」に関するものが挙げられる。

その中には一旦公開されていながら、その後「二〇四一年まで非公開」とされたものすらある。真珠湾については、なぜこれほど大量の「非公開」状態が続いているのだろうか。

論争が絶えない最大の理由はそこにある。戦時中の日本占領計画についての文書も重要なものは、なぜか未だに公開されないものが多い。周知の通り欧米諸国では、公文書の公開について「30年ルール」、「50年ルール」、「70年ルール」、「100年ルール」等々と幾重にも区切りがある。つまり我々は、まだ最初の「30年ルール」のところであれこれ論じているにすぎないのである（「50年」による公開は始まったばかりで、まだ十分に渉猟すらされていない）。

歴史家には「史料利権」とも言うべき〝利権〟感覚が働く。自分がこれまで精魂を傾けて探し求めたり、長期にわたりエネルギーの大半を費して取り組んだ史料に書かれてあった「史実」にどうしても固執したくなるものである。ましてそれに基づいて、過去に自らが刊行物を出していると、「立場の論理」も働いてくる。「歴史は世代によって書かれる」という諺があるが、日本にとっての大戦史はまさに、このことが当てはまる。少くとも史料については、たしかにあの戦争には、「百年戦争」という形容がぴったり当てはまるところがあるのである。

二十世紀は「戦争と革命の世紀」と言われるが、世界史的に見てあの「第二次世界大戦」ほど、広義の政治性――価値観やイデオロギー、国民心理や感情、世論操作や宣伝工作が決定的な役割を果したという意味で――が強烈な戦争は史上なかった。このことはとくに「引き延された戦後」としての現在についても重い影を落している。古来、戦争の意味は「戦後」が終ったときに定まる、と言われてきた。たとえば、あの戦争において「共産主義」が果した役割の大きさについては、ソ連崩壊後すでに十数年経った今日も十分に検討されていない。日本に関わるところでは、未だにアジア大陸に「共産主義」の一大権力が厳存しているという点で、イデオロギー戦としてのあの戦争は今日も明確に継続中と言えるのである。このことは昨今の「歴史認識」問題などという次元よりもずっと深部にある、二十世紀の本質に関わる問題なのである。

このように見てくると、今日、日本人があの戦争を考えるとき、なぜ諜報あるいは情報戦としての面にもっともっと関心を向けなければいけないかがわかってくるのではないか。そう、あの戦争の本質はまさに「情報戦」という面にこそあったのであり、個々の戦闘や指導層内部での政治や外交をめぐる動きは、いわばその「反映」にすぎなかったと言ってもよい。「総力戦」という表現は、まさにこの点においてこそ、最も重要な意味をもってくる。相手の意図の操作、人の心をめぐる戦争こそ、戦争をしてより「激烈な戦争」たらしめる。動員された物量や破壊の規模ではない。今日我々があの戦争について最も理解に苦しむのは、当時の日本人の心のあり方、認識の構造について内在的な把握ができない、という点に、その大きな原因があるように思う。

この点で、本文の座談会でも再三、論議にのぼったことだが、「日本が第一次大戦を経験しなかった」ということが、より重大な意味をもってくる。日本だけが、他の全ての交戦国と違い、情報つまり「人の心」をめぐる戦い、二十世紀の鬼子であった「革命」との戦いに対する予行演習を欠いたまま、それを核心とする本番の大戦争に突入していったわけである。

この点に関して、本文の中でほんの少し論議になったことで言えば、戦前、戦中期における日本陸軍（おそらく海軍も）エリート内部における、共産主義ソ連ないし中共あるいはコミンテルンの工作がもたらした影響について、今日まで歴史の検証が全く行われてこなかったことであろう。日本よりもはるかにエリート層に対する防諜・監視体制の厳格だった戦争中のイギリスやドイツですら、あれだけのエリート層による「通敵行為」があったこと、そして近年「VENONA文書」の公開によって明らかにされた通り、ルーズベルト政権には二百人を超すソ連・中共系の「スパイ・工作員」が各省庁の高官層にも潜入していた事実（たとえばJohn E. Haynes & Harvey Klehr, Venona: Decoding Soviet Espionage in America, Yale Univ. Press, 1999参照）を考えれば、戦前・戦中の日本の権力中枢（軍部、外務省、内閣、宮中・内大臣府など）に、尾崎＝ゾルゲ工作に比すべき工作活動が他に多数あったとしても少しも不思議ではない。ルーズベルトのアメリカで繰り返されたように、日本でもそれらは単なる「国家機密の漏洩」という次元を超えて、軍事作戦や対外政策の「意図的歪曲」という、国家意思への工作としてあったであろう。現に尾崎秀実とその周辺の高官グループが果した役割は、ゾルゲによるソ連への情報漏洩などよりもはるかに重大なものだった。こういった面からの研究が進み、それを主題とした昭和戦争史の座談会が行える日が、一日も早く来ることを望みたい。

それにしても我々はなぜ、これほどまでにあの戦争にこだわり続けるのであろうか。現代の国際政治や戦略問題を勉強した人間として、私は確信をもって、もうあのような戦争は二度と起りえない、と思っている。軍事戦略的条件や「人の心」が、この半世紀で不可逆的な大変化を経験したからである。いわば物理的に、もうあのような戦争は金輪際、起り得ないのである。であるとすれば、なぜ我々はいまだに、あの戦争にこれほどの関心をもつのだろう。そしてこの関心の切実さは、いかなる交戦国にも見られないものだ。それは一体、どこに根ざしているのか。

人が歴史に関心をもつのは、つまるところ全て、何らかの点で「現在との関わり」を意識しているからだ。日本人が戦後も、ずっとあの戦争を問い直し続けたのは、実はそこに現在の自分たちが「失ったもの」を強く見出していたからである。始めのうちは、その「失ったもの」とは、人命や物質的損失あるいは失った国際的地位や政治的正当性など、主として世俗的・現世的な範疇のものであった。それがイデオロギーや憤怒の感情を伴って現われる場合も多かった。しかし戦後五十年を過ぎたあたりから、その「失ったもの」の中味が変わってきた。それは、二十一世紀のより大きな潮流としての、「日本」への希求という流れと重なっている。アイデンティティが再び切実に問われる時代になり、人々の昭和戦争史への関心が、「なぜ負けたのか」から、「いかに負け、そして何を失ったのか」へと変わってきた。そもそも「なぜ負けたのか」を問うなら、すでに触れた情報《インテリジェンス》の問題を考えるだけで殆ど答えは出ている。

しかし、「神風特攻」への若い世代を中心とした近年の関心の大きな高まりは、「鎮魂」というより「覚醒」の営みなのである。本文の中でも私は繰り返し意識して「力戦敢闘」という言葉を使った。あまりにも健気な、あの庶民兵士の自己犠牲の精神は、戦争をどう意味づけたとしても、文字通り日本民族史の精華として、千年経っても遺《のこ》る「文明史的偉業」と言うしかないであろう。

果たされなかった死者との約束

戸高一成
（呉市海事歴史科学館館長）

世界史の中でも、二十世紀は突出した戦争の世紀であった。日本はその中でもキーとなる戦争に関わってきた。二十世紀初頭の一九〇四年に始まった日露戦争は、近代戦争の幕開けであったし、一九四五年に終戦を迎えた太平洋における日米戦争は、爆発的に巨大化した恐らく最後の、いや、最後でなければならない国家戦争であった。以後も世界に戦争の絶え間はないが、その規模は、第二次世界大戦に比べれば局地的な紛争となっている。このような戦争の時代の中で、日本のみが超然として局外にいることが出来なかったのはやむを得ない面もある。しかし、いったい世界を二分して数千万人の命を犠牲にすることが必要であったのか。クラウゼウィッツは、戦争は政治外交の延長である、と認識していたが、ほぼ絶滅戦争の様相を呈していた第二次世界大戦で、連合国が枢軸国に突きつけた要求は、無条件降伏であり、そこには交渉の余地はなかった。外交としての戦争は、日露戦争或いは第一次世界大戦で終わっていたのである。

このような状況の中で、私にとっての太平洋戦争とは何だったのか、と自問すれば、団塊の世代に属する私にとって、太平洋戦争は歴史上の事件であり、戦後日本の起点に過ぎない、としか言い様はない。しかし、子供の頃、銭湯で時々話を聞くおじさん（今思えばまだ三十歳前後なのだが）が脇腹の大きな傷を見せ、「こいつはグラマンにやられたんだ」と言いながら、軍艦の水上偵察機が、洋上でどのようにして着水、収容されるかを事細かに湯船の中で話してくれたのを覚えている。自宅は東京の郊外であったが、近くに高射砲陣地があったために、焼夷弾だけではなく爆弾も落とされていて、自宅の庭を掘ったときに爆弾の破片が出たこともあった。地元の中学校のそばには直径数十メートルのコンパスで描いたような綺麗な円形の池があった。すり鉢状に深くなっているので、絶対に近づいてはいけないと言われていた。これは爆弾の穴に水が溜まった池だった。通学のために乗る電車には、車両ごとに居るのではないかと思えるほど多くの傷痍軍人が募金箱を持って歩いていた。戦争はつい昨日のことだったのである。

昭和三十年代、四十年代は、今思えば不思議な形での戦争関連書の出版ブームであった。

大人向けから小中学生対象まで、無数の戦争記録が出版されていた。多くの本には、僅か十数年前の、生々しい体験が綴られていた。この時期に出版された戦史、戦記、捕虜記、抑留記、空襲被災記、引き上げ記など、雑誌等の記事も入れれば一万タイトルを越えると思われる。私自身、ずいぶん多くの体験記を読んでいた。なぜそのような戦争体験記に興味が有ったのかと言えば、ほんの十数年前に、見上げる空に爆撃機が飛び、見慣れた景色の中に、数万、数十万の死が有ったという事実が、現実の事象として良く理解できなかったからかも知れない。国産品と言えば安物の代名詞で、何でも舶来が上等という世の中にあって、この日本がアメリカと戦った、などという事態を想像することは難しかった。しかし、本の中の日本兵は、果敢にアメリカ兵と戦っていた。

大学に入る頃から、実際の戦争体験者の話を聞く機会が多くなった。大学卒業後に勤務した財団法人史料調査会は、会長の関野英夫氏、上司の土肥一夫氏ともに海軍大学校卒業、連合艦隊参謀という経歴の持ち主で、毎日の昼食は太平洋戦史の講義のようだった。関係者も殆どが海軍佐官以上で、一種海軍士官のサロンでもあった、戦後生まれの私は、孫のように見られ、ピントの外れた質問をしても、丁寧に話してくれたことを覚えている。彼らの話の特徴は、全ての場面に置いて、一人称であることであった。第三次ソロモン海戦が話題に上ったとき、当時第11戦隊参謀として戦艦比叡の艦橋トップに居た関野会長は、黒い水平線で光るアメリカ戦艦の発砲の様子、機銃を発射しながら比叡の直ぐそばをすれ違ったアメリカ駆逐艦の姿など、目前にあるように話してくれた。また山本五十六、古賀峯一の両連合艦隊司令長官に仕えた土肥氏は、戦艦大和での連合艦隊司令部の生活を懐かしそうに語ったものである。今思えば、二十代から四十代半ばまでに、僅か十五歳ほどで海軍を志願した特年兵から、海軍中将まで数百人の話を聞く機会を得たことは、貴重な体験であった。

このような状況の中で徐々に知ることになったことと言えば、当事者から聞いた太平洋戦争は、学生時代に本から得た情報とは微妙に異なるものであるという印象だった。やはり連合艦隊の参謀であった中島親孝氏が『聯合艦隊作戦室から見た太平洋戦争』を出版したとき、一冊頂いた私はパラパラと目を通して、「中島さん、何時もの話とチョット違うじゃないですか」と言った。連合艦隊司令長官に対する記述が、柔らかいのだ。いつも文字通り歯に衣着せない物言いの中島氏は、ニヤリと笑って「そりゃ、本には書けないよ」と言うのだ。確かに豊田副武連合艦隊司令長官を、日頃の言葉のままに「子供みたいなヤツだよ」とは書けないことは分かる。私はなるほどね、と思い、活字で書かれた記録と現実の温度差のようなものを感じた。以後、本を読むときは現実と活字のギャップを考えながら読むようになった。また、かつて読んだ本も、書かれていることが、そのままが全てではないことを理解するようになった。そして、改めて多くの本を読み返すとき、より深く戦争の無惨さが感じられるようになったのである。そして、活字と現実のギャップの最も大きい問題、つまり太平洋戦争の本質が、特攻作戦にあると思い至ることになった。

太平洋戦争が、際だって他の戦争と異なるのは、組織的に特攻作戦を実施したことにある。制度として体当たり攻撃部隊を編成し、制式兵器として体当たり専用兵器を開発し、命令によって隊員に体当たり攻撃を命じた、ということにおいて、古今未曾有と言わねばならない。自発的な必死攻撃ならば、戦史にその例は少なくない。南北戦争における南軍の潜航艇ハンレイの体当たり攻撃は、人間魚雷回天を思わせるが、言うまでもなく、これは体当たり用に建造された潜航艇ではなく、体当たり用に訓練された隊員でもない。文字通り志願者の攻撃である。

本来特攻は、昭和十八年夏に連合艦隊参謀黒島亀人が軍令部参謀に転出して研究が始まったのであり、軍令部の方針として昭和十九年春には特攻作戦実施は決定されていたのである。まもなく回天、桜花、震洋といった、特攻専用兵器の開発が開始され、昭和十九年の夏の終わり八月二十五日には、陸海軍の人事制度の中に「〓特攻兵」という特修兵を加えている。同時に各地の海軍航空隊では、生還を期し得ない新兵器の搭乗員、つまり特攻要員の募集が始まっているのである。この決裁書類には天皇が御璽を押印しているのであるから、この時点で特攻兵の何たるかは、一定の説明を受けていた可能性はある。その後十月一日には、人間爆弾とも言うべき桜花を使用する特攻専門部隊である、第七百二十一海軍航空隊が編成されている。部隊の編成は天皇の大権事項であり、この部隊の編成にも天皇の裁可が必要であることは言うまでもない。知らなければならないことは、特攻はこのように制度として正式に準備されていたということなのである。〓特攻兵の辞令をもらったら、この瞬間に体当たりを命ぜられた様なものなのである。異常としか言いようがない。問題は、このように制度的に準備をしておきながら、作為的に特攻の開始も、その隊員も、自発的なものであった、としてきたことであろう。政府は、死を命ずることの重さから逃避しようとしたのである。

私は、太平洋戦争は平凡な結論ではあるが、負けるべくして負けたものと考えている。

昭和十六年の日本に、アメリカと互角に戦う力はなく、当然ながら継戦能力は全く無かった。第一に、連合艦隊の燃料である石油は、アメリカから輸入していたのだから、言う言葉もない。日本にはあまり選択肢がなかったことは事実である。しかし、避戦の方法が全く無かったとも思えない。日本政府は、何とかなるだろう、と開戦を決意し、兵士は全力で戦った。軍隊というものは、戦えと命ぜられれば、とても勝つ見込みなど無くても全力で戦い、止めろと命ぜられれば、もう少しで勝つというような状況でも直ちに戦闘を止めるものなのである。この意味で、開戦と終戦を見るとき、日本の軍隊は見事であったと言っても良い。しかし、この純真で真面目で精強な兵士を使った指導者はどうであったか。有能であったか、無能であったかではない、無責任であった。兵士の命を預かる司令官、長官クラスが、おしなべて無責任であった。将官人事は戦時中も平時のままに行われるために、おおよそ適材適所という要素に欠けていた。

無責任な指揮官は、部下の命を無責任に浪費した。この最大の現象を、特攻に見ることが出来る。自分は死ぬことのない立場で、他人に死を要求することの理不尽さは誰にも分かっていた。だからこそ、多くの指揮官は出撃する特攻隊員に「君たちだけを死なせない、自分も後から必ず行く」と訓示したのである。殆どの隊員は命令されて特攻隊員になっていたが、「早いか遅いかにすぎない」と諦観し出撃していったのである。私が話を聞いた多くの飛行機搭乗員は、例外なく、「終戦まで生きていられるとは思っていなかった」と思っていた。ところが、最後に行く約束だった指揮官の多くは、終戦と同時に「死ぬことよりも、戦後の復興に尽くすことの方が重要である」と突然のように気がつき、命を懸けた約束をさっぱりと忘れてしまったのである。約束を守ったのは大西瀧治郎、宇垣纏など僅かな指揮官だけであった。大西は見事な割腹、宇垣は部下を道連れにしたのには問題があるが、とにかく約束を守ろうとし、守った。そして、命を懸けた約束を守る日本人は絶えてしまった。昨日まで、部下に、後から行くと言っていた殆どの指揮官は、戦後一貫して戦死した特攻隊員は自発的に志願したとして、これを顕彰することで約束を破ったことの償いと考えていたようである。自分が死を命じたという事実を忘れようとしていたのであろう。しかし、このような人たちに顕彰されても、戦死した特攻隊員があの世で安堵したとは、とても思えない。

私にとっての太平洋戦争は、戦後日本の種子としての存在なのである。敗戦によって民主国家になったことは争えない事実である、敗戦があって、初めて戦後復興がある。しかし、納得し難い問題も少なくない。他人に死を命じながら、命を懸けた約束をきれいに忘れ去った人間と、これを許容した社会が作った戦後、命を懸けた約束でも、状況が変われば破っても良いという戦後が、どのようなものになったか、日々眼前に見るとおりである。戦争という大きな事件の中では微々たる問題であるけれど、命を懸けた約束は守って欲しかった、と思うのである。守れない約束はしなければ良いのである。

戦わなかった戦争から学ぶということ

福田和也（文芸評論家・慶應義塾大学教授）

かつて、現代フランス文学を勉強していたので、「世界大戦」というと、「第一次世界大戦」という印象をどうしても強くもってしまう。ヨーロッパにとっては、なんといっても、第一次世界大戦が驚天動地の出来事であって、第二次世界大戦は、たしかに電撃戦とか強制収容所とかいった新奇な事柄はあったけれども、第一次世界大戦で経験したことの延長上にあるというか、第一次世界大戦で積み残したこと、不徹底だったことが、完遂されたという風に受け止められているように思う。

フランスは、第一次大戦では国土の最も富んだ地域が、四年にわたって戦場になり――だいたい、大国同士の戦争が、四年も続くということ自体が、想像を絶したことだったわけだが――、二十代男性の三分の二が死傷するという、強烈な打撃を受けた。一日で、数万人が死傷するような激戦――ソンム、マルヌ、ベルダンといった――のあり様は、人間観、文明観を根底から揺るがすものだったし、長い総力戦を継続するために、国内の政治勢力が大同団結し、社会改革を行うといったことも、第一次大戦以前には想像もつかないことだった。

大戦を経て、フランスでは、文学はもとより、思想も、政治も、社会生活も大きな変貌をとげて、大戦前の安定と成熟を指針とした時代は、二度と帰ってこなかった。

もちろん、このような激変は、フランスばかりがあじわったものではなく、イギリスも、ドイツも、イタリアも等しくあじわったものであり、オーストリアやオスマン・トルコのように国自体がなくなってしまった国もあるし、ロシアのように帝政から一足飛びに社会主義国になってしまった国もあった。

この大激変から、二十世紀がはじまった、といっていいだろう。

この激変の渦中に、直接にかかわらなかった、つまりは国土が戦火にさらされなかった大国が二国あった。アメリカと日本である。けれども、戦火からの距離はあっても、その関わり方は、ずいぶんと違ったものだった。

日本は、日英同盟にのっとって、早くにドイツにたいして宣戦布告し、思いの他多くの犠牲をはらって青島要塞を攻略した。その他、海軍は太平洋や地中海で、ドイツの巡洋艦や潜水艦相手の索敵、哨戒に従事している。

一方、アメリカは当初より英仏にたいして同情的な姿勢をとっていたものの、なかなか対独宣戦に踏み切らなかった。世論が参戦に反対していたし、ドイツも必死の外交努力でなだめ続けた。結局、一九一七年四月になって、アメリカは参戦し、翌年五月からはパーシング将軍率いる派遣軍が前線に出て、ドイツの猛攻を受けた。

時間的にみると、アメリカの関与はごく短いものだったが、実際に地上戦を体験したことも含めて、第一次世界大戦からはじまった「二十世紀」を体験したといってよい。さらに、イギリスへの軍需物資等の輸出のために、ドイツによる潜水艦攻撃の脅威を味わい、客船、貨物船がたびたび撃沈されたために世界戦争がいかなるものなのか、国民レベルで理解できた。

ところが、日本にとっては、第一次世界大戦は、対岸の火事にすぎなかった。

大戦が、世界史における一大事件であることを、ほとんど理解できないままだった。他の主要国とその国民が、第一次世界大戦を前提として、第二次世界大戦を戦ったのにたいして、日本とその国民には、その前提が、はじめから欠けていたのである。

もちろん、この欠落について、痛切な危機感をもっている人々もいた。

第一次世界大戦をしめくくるパリ講和会議で、日本外交がまったく機能しないことを眼前にし、「外務省革新運動」をはじめた重光葵や芦田均、有田八郎や沢田廉三のような当時の新鋭外交官たちは、そういう問題意識をもっていたし、また、戦中戦後のヨーロッパ情勢をつぶさに観察し、ドイツの保養地バーデン・バーデンで総力戦体制作りを誓った永田鉄山や東條英機といった陸軍駐在武官のグループもいた。

けれども、こうした動きは、有効に機能せず、国民はもちろん、軍も、外交当局も、政府も、世界大戦の何たるかをわきまえずに、第二次世界大戦に突入していったように思われる。事実、現在でさえ、日本人の第一次世界大戦への興味は、ごくごく限定されたものにすぎない。

ここに横たわっているのは、実地に体験をしなかった事柄から、いかに教訓を獲得し、それをいかに血肉化して、実際の対応に役立てるかということの困難、という問題である。

もちろん、戦争などしない方がよいに決まっているのだし、出来るだけ犠牲をださない方がいいに決まっているが、そのことを貫き続けるためには、体験しなかった他国の戦争を、骨身にいたるまで咀嚼し、味わい、教訓化し、実践することが必要なのだと思う。けれども、日本人の、強固な現実主義は、体験せざるものから学ぶことを妨げているように思われる。

もちろん、こうした事柄を教訓化すること自体は、大変に難しいことである。日露戦争に従軍した、ドイツのホフマン、イギリスのハミルトンといった観戦武官たちは、機関銃の威力について克明に本国に報告していたにもかかわらず、その情報は第一次世界大戦においては、まったく生かされなかったわけで、こうした教訓の利用が難しいことは、日本だけの問題ではないことがわかる。

プロたる軍事専門家においてすらそうなのだから、一般国民にまで、体験しえなかった戦争からの戒めを浸透させるのは、大変に困難であることは事実だろう。

支那事変が進行し、総力戦体制が陸軍の統制派、革新官僚などの手で進められていくなかで、平沼騏一郎のような観念右翼や陸軍の皇道派は、新体制運動の本質は社会主義革命なのではないか、という危惧を抱き、自由主義者たちと連携を図るようになる。その行動の政治的評価はともかくとして、総力戦を支える社会システムが、ある種の社会主義を前提とすることになるという、第一次世界大戦におけるヨーロッパ社会の体験を、日本の政治エリートは、まったく理解していなかったことになる。だとすれば、国民にたいして、何を求められるのか、ということになるだろう。
だがまた、先の大戦について考えた時に、エリートから国民にいたるまで、第一次世界大戦にたいする認識が確立されていたならば、あのような形で戦争に入っていくことはなかったろうと思われるし、また、戦争に参加したとしても、ああした経緯にはならなかったのではないか。

逆にいえば私たちは、なぜ当時の日本人が第一次世界大戦に学ぶことができなかったのか、ということを微細かつ重層的に検討しておく必要があるのではないか。その検討を通じて、いかにして体験せざる闘いを自らの知恵に転化するか、という方法論を立てる試みをするべきだろう。

翻って考えてみれば、戦後六十年にわたって、平和を謳歌してきた日本にとって、体験しなかった、さまざまな戦争がある。朝鮮戦争、ベトナム戦争から、ユーゴ紛争、イラク戦争から、きちんと学んでいるのだろうか。

体験しなかった戦争から学ぶことなしには、来るべき戦争に対応できないのはもちろんのこと、平和を維持することもできないのではないか。

戦争を決意させたもの

加藤陽子
（東京大学助教授）

なぜ、日本は負ける戦争をしたのか、あるいは、なぜ、日本は無謀な戦争にふみきったのか、という問いに対して心静かに向きあうのは難しい。無理に答えをだそうとすれば胸がざわめき心も乱れる。太平洋戦争がもたらした彼我の犠牲者数や、人々が味わった戦争の惨禍を思うと、目も眩むばかりの暗澹たる気持ちになるからである。

このような問いに対して、かつて私は、日清戦争以降、日本という国は、ほぼ十年ごとに戦争をしてきたような国であり、そうしたいくつもの戦争の相互関係のなかでこそ太平洋戦争を考えなければならない、と書いた（拙著『戦争の日本近現代史』講談社現代新書）。こうした視角自体は今でも間違ってはいないと思う。しかし、自らが体験した戦争について、「この愚かな戦争はなぜ生じたのだろうか」、と長年感じてきたはずの元兵士の多くがすでにその人生の最終盤にさしかかろうとしているとき、先に書いたような答えで「今」を先送りにするのは、誠実な対応とはいえないのではないかとも思う。

命の残り時間からくる切迫性だけではない。日本軍の場合、兵士に強いた労苦が尋常ならざるものであったことは、すでに多くの歴史研究や文学作品によって明らかにされているが、ここでは、吉田裕『日本の軍隊』（岩波新書）から、日本軍と兵士の関係について、その特異性を三点だけ指摘しておく。機械化の遅れから、日本軍の兵士は行軍する際の負担量が元来、過重であった。さらに太平洋戦争末期には、制海権・制空権の喪失により補給路がなくなったことも加わり、兵士の負担量はいっそう増加した。インパール作戦に従軍した第五十八連隊の場合、その負担量は「米二〇日分（一八キロ）・調味料・小銃弾二四〇発・手榴弾六発で、少なくとも四〇キロ（一〇貫）を越えた」（同前書）という。日本兵は想像を絶する装備を背負っていたのだ。

第二に、海没による死者が多かった。日本軍は老朽商船などを輸送船にしたてて兵士を前線まで輸送していた。その結果、陸海軍軍人・軍属合わせて約三十五万八千人が死没した。これだけの海没者をだした軍隊は他に例がないという。第三に、補給を無視した無謀な作戦指導や医療体制の不備などにより、餓死者が多数発生した。自身も大陸打通作戦に従軍した藤原彰はその著書『餓死《うえじに》した英霊たち』（青木書店）で、日本軍の死者二百三十万人のうち半ば以上は広義の餓死者であるとしている。

「戦争という人間の行為のなかで最も非合理的な行為を実践する、最も合理的な組織」(戸部良一『日本の近代 9 逆説の軍隊』中央公論社)であるはずの軍隊が、なぜこのようなことになってしまったのか。苦しみの根源が、合理的な事由からもたらされたのではなく、不合理、あるいは不条理な事由からもたらされた時、人はその理由を求めずにはいられないだろう。そこに元兵士たちの問いの切迫性がある。時間と不条理、このふたつの側面から希求される、こうした切迫した問いに対して、これまで歴史学の側は十分に向き合ってきたのであろうか。元兵士たちがこのような歴史学に見切りをつけて、あるときはルーズベルトの陰謀説、あるときはヒトラーの陰謀説などに、切迫性のある問いの答えをみつけようとするあまり、振りまわされたとして、それを誰が笑えるだろうか。このように考えてくれれば、胸はざわめき心も乱れようというものである。

むろん、『日米関係史』全4冊(東京大学出版会)や『太平洋戦争への道』全8冊(朝日新聞社)などの古典にはじまり現在にいたる厚い実証研究の蓄積は、開戦にいたる日米関係について、外交・政治・経済の各方面から詳細に明らかにしてきた。開戦直前の日米交渉が挫折した理由もほぼ解明されている。いまだ第二次世界大戦に参入していないアメリカにとっては、すでにドイツと戦っている英国、日本と戦っている中国など、反枢軸側にたつ連合国の意向を無視してまで、日米諒解案での妥協に踏みきることはできなかったし、ドイツと戦っている英国・ソ連の継戦意欲に日本の行動が水を差さないよう、日本を常に太平洋の側から牽制しておく必要があった(ウォルドー・ハインリックス「『大同盟』の形成と太平洋戦争の開幕」、細谷千博ほか編『太平洋戦争』東京大学出版会所収)。

ただ、以上のような説得力ある説明を読んでもなお、次のような感想を抱いてしまう人は依然として存在するのではないだろうか。なるほど、大西洋における戦線を維持するためアメリカは、ドイツの攻撃を受け止めているソ連の戦線離脱を阻止しようと、いわば、裏口からソ連・英国を支持するため太平洋戦争に入っていったようだ。ということは、日本とアメリカのあいだには、その固有の二国間関係から結果的に導かれる、戦争に至らねばならなかった死活的な争点といったものはなかったのではないか。ならば、なぜ日米戦争は起こったのか——。そう、いつのまにか、議論はふりだしへと戻っていく。切迫した地点から発せられた必死の問いなのに、どうどうめぐりとなって、なかなか答えにたどりつけないもどかしさがある。

無限の循環地獄から脱出するにはどうしたらよいのだろう。身も蓋もない言い方になるかも知れないが、やはり日本が米英蘭との開戦を決意しなければ、太平洋戦争はあのようなかたちでは起こらなかった、その点をしっかりと見つめる必要がある。むろん、アメリカは日本の外交電報を読んでいたが（マジック）、最後の決定的瞬間を選択したのはまぎれもなく日本側であった。また、マジックに関しては、最近、神戸大学の簑原俊洋助教授が、日本もまたアメリカの外交電報を解読し、コーデル・ハル国務長官の出方を予想していたということを、外務省外交史料館に残された史料から明らかにした（「日米暗号戦争と政策決定への影響」、『外交フォーラム』二〇〇三年一月号）。核心となる問題は、ルーズベルトの陰謀によって日本が開戦させられた云々といったレベルにはないのだ。

一九四一（昭和十六）年十二月一日、御前会議で対米英蘭開戦の決定がなされた。極秘裡に進められた国家の最高意思決定であったから、むろん国民はそうした決定には参画しない。しかし、当時の国民感情が我関せず焉であったかといえばそうではなかった。元兵士といわずとも、われわれは、「大東亜戦争と吾等の決意（宣言）」という、以下のような文章が、中国文学者の竹内好によって、宣戦布告の日の四一年十二月八日から八日後に書かれたのを知っている。あるいは、公表を意図して書かれたものではない日記などのなかに、われわれは同様の記述をたやすく見出すことができる。竹内好の文章は、時代の精神の典型を鮮やかに切り取った点で引用にあたいするだろう。

歴史は作られた。世界は一夜にして変貌した。われらは目のあたりそれを見た。感動に打顫へながら、虹のやうに流れる一すぢの光芒の行衛を見守つた。（中略）東亜に新しい秩序を布くといひ、民族を解放するといふことの真意義は、骨身に徹して今やわれらの決意である。（中略）何者も枉げることの出来ぬ決意である。われらは、わが日本国と同体である。大東亜戦争は見事に支那事変を完遂し、これを世界史上に復活せしめた。今や大東亜戦争を完遂するものこそ、われらである。（『中国文学』八〇号、四二年一月一日）

開戦とともに、歴史は作られたとの感慨を抱ける当時の知識人の感性。国と自らを一体と認識できる感性。泥沼の日中戦争が太平洋戦争へと果てしもなく拡大してしまった、との現代のわれわれが抱く受け止め方とは、まったく違った認識がここにはある。さらにいえば、歴史と国と自己を重ねて捉えようとする竹内の認識には、当時、軍部が、自らの存在意義を語る際の、ある論理と相響きあうものがある。それはなんなのか。

例を挙げて説明しよう。四四（昭和十九）年二月二十一日、軍需生産と戦略思想の統一をはかるため、東条英機首相・陸相は、東条陸相と嶋田繁太郎海相による参謀総長、軍令部総長兼摂にふみきった。政治と統帥、あるいは軍政と軍令を自らの身体によって統一しようとした東条の試みは、昭和天皇の裁可をえて実現する。しかし、統帥部のなかにはこの措置に対し当然のことながら、強い反対があった。当時、参謀総長であった杉山元は、すでに陸相をも兼ねていた東条首相による、さらなる参謀総長兼摂に反対して、次のような要旨を内奏したという。

国内行政百般を司る首相が、軍の編制、兵額の決定から戦時下に於ける軍の統帥運用の輔翼まで同一人を以て当るに至っては、幕府時代に逆戻りするもので、許さるべきではない。(『杉山メモ』下巻、原書房、資料解説)

「幕府時代に逆戻り」との強い言葉が使われている。この言葉からは、戦争の効率的な遂行のために、政府側も軍部側も、双方ともに長らく希求しながらも政戦両略の一致がいっこうに実現されなかった真の理由が想像できる。すくなくとも杉山にとって、兵政二権を並列・対等とする統帥権独立制度こそが、開国以来の近代日本の発展を支えたものだとみなされている点に注目したい(拙稿「総力戦下の政―軍関係」、吉田裕ほか編『岩波講座　アジア・太平洋戦争　2』岩波書店)。

当時にあっては、ある政治主体のあいだで政治的な闘争がなされる際、その闘争は、維新以来の日本の歴史をふまえ、その栄光を増進すべき新しい歴史を担う側にたつのか、それともそれに抗して滅んだ側の幕府的な存在とみなされるか、そのイメージを争奪する戦いを必ず伴っていた。近衛新体制をめぐる論争を例にとろう。近衛文麿首相やその支持グループは、内務省の地方支配や既成政党勢力による中央と地方を通じた議会支配を脱し、新しい国民組織あるいは一国一党的な国民政党を組織しようとした。内務省支配や既成政党の支配を脱するだけでなく、この国民組織に軍をも組み込もうとした点が、主観的には近衛なりの眼目だったのだろう。東京帝国大学教授の矢部貞治や陸軍省軍務局長の武藤章などは、近衛新体制構想を支える黒子的な存在であった。その矢部や武藤を決定的に苦しめたのは、一国一党をバックに首相が軍までをも支配下において強力な政治を行なうのはかつての幕府と同じである、との批判であった。新体制幕府論である。

たとえば、四〇年(昭和十五)十二月一日に作成された陸軍部内のある資料は、近衛新体制を暗に批判して次のように述べていた(片仮名は平仮名に改め、読点を付した)。

斯くの如きは帝国憲法の許さざる所なるのみならず、是実に文武の大権を臣下の一人に委ねらるるの形を構成する思想にして、所謂将軍或は関白の再現を見るに至るべく、我が国体に照して不可なるや既に明かなり。(参謀本部「軍事極秘　武力戦的見地に基く支

那事変最高統帥の研究」、防衛庁防衛研究所戦史部図書館蔵）

文武の大権を臣下一人、すなわち首相が握ることに対して、それは、将軍や関白の出現を許すことになってしまうとの批判であった。ここで先にひいた杉山参謀総長の東条首相批判を思い出せば、統帥部の側は、相手が同じ軍部内の東条であれ文官の近衛であれ、文武の大権を臣下一人に委ねてはならない、との立場では一貫していたことになる。

こうした立場からすると「幕府」という言葉が、江戸幕府による統治体制についての客観的な論及でないことはもはや明らかであろう。たとえば、幕府が倒されなければならなかった理由を、征韓論争の際に西郷隆盛は板垣退助にあてた書翰のなかでこう述べている。ひたすら攘夷の戦争を避けようとした幕府が因循姑息に陥り、「無事」の追求に終始したからである、と（一八七三〈明治六〉年八月十七日付書翰）。敷衍すれば、名分論で鍛えられた当時の武士の目に、武門の棟梁としての職分を幕府が果たしていないと映ったとき、倒幕に名分が与えられたということであろう。近世政治思想史研究の泰斗である尾藤正英は『江戸時代とはなにか』（岩波書店）で次のように述べる。

「武士たちは、本務としての戦闘に自己の生命をかけたのと同様に、国家の政治組織の中で与えられた職務上の責任を果すためにも、必要があれば生命をかける覚悟でこれに臨み、私的な利害関係には全く捉われない態度を貫くことを（中略）理想としていた」、という。その幕府が列強の武力のまえに己の武威の実体が露見することを恐れ、決然たる態度をとらなかったのは、私心あるゆえ、とみなされた。公儀という言葉には、私心を去った公平無私な正しさ、という重要な意味があった。攘夷を実行できなかった幕府は、名分論に目覚めた武士にとっては、もはや公儀たる資格を失ったのである。

明治維新によって、近代日本の繁栄が築かれたとの歴史観は、統帥部のみならず中国文学者たる竹内好にも国民にも共有されていた。そのような歴史観が前提となっている社会にあって、まずは、既成政党が私的利害を代表するものとして斥けられ、ついで、国民組織による軍事と政治の一体化をめざした近衛新体制運動が幕府として斥けられた。歴史と国と自己とを同一化させ、自らが新しい歴史にたちあうとの自己イメージをもつ者に、もっとも近く寄り添っていたものが軍の歴史認識であったということ、この点が重要であろう。日本側が開戦を決意する背景には、このような歴史認識が流れていた。切迫した問いに対する答えとしては、あまりにも迂遠な答えであるとは自覚しているが、これが現在の私の正直な考えである。

半藤一利（はんどう　かずとし）
1930（昭和5）年生まれ。作家。東京大学文学部卒業後、文藝春秋入社。「週刊文春」編集長、「文藝春秋」編集長、専務取締役等を歴任。『漱石先生ぞな、もし』（新田次郎文学賞）『日本のいちばん長い日』『ノモンハンの夏』（山本七平賞）ほか、著書多数。

保阪正康（ほさか　まさやす）
1939（昭和14）年生まれ。ノンフィクション作家。「昭和史を語り継ぐ会」主宰者。同志社大学文学部卒業。『東條英機と天皇の時代』『吉田茂という逆説』『瀬島龍三』『蔣介石』等、近現代史をテーマとする作品を多数発表。平成16年、菊池寛賞受賞。

中西輝政（なかにし　てるまさ）
1947（昭和22）年生まれ。京都大学総合人間学部教授。京都大学法学部卒業。ケンブリッジ大学歴史学部大学院修了。主な著書に『大英帝国衰亡史』（毎日出版文化賞）『国まさに滅びんとす』『日本の「覚悟」』『優雅なる衰退の世紀』（共著）等。

戸髙一成（とだか　かずしげ）
1948（昭和23）年生まれ。呉市海事歴史科学館館長。多摩美術大学美術学部卒業。国立公文書館アジア歴史資料センター委員、総務省一般戦災データベース委員等。著書に『戦艦大和復元プロジェクト』、編著に『秋山真之戦術論集』等。

福田和也（ふくだ　かずや）
1960（昭和35）年生まれ。慶應義塾大学環境情報学部教授。文芸評論家。慶應義塾大学文学部卒業。主な著書に『遙かなる日本ルネサンス』『奇妙な廃墟』『日本の家郷』（三島由紀夫賞）『甘美な人生』（平林たい子文学賞）『地ひらく』（山本七平賞）等。

加藤陽子（かとう　ようこ）
1960（昭和35）年生まれ。東京大学大学院人文社会系研究科助教授。東京大学文学部国史学科卒業。東京大学大学院人文科学研究科博士課程修了。著書に『徴兵制と近代日本　1868－1945』『模索する1930年代』『戦争の日本近現代史』等。

文春新書

510

あの戦争《せんそう》になぜ負《ま》けたのか

2006年5月20日　第1刷発行
2021年2月25日　第14刷発行

著　者　半藤一利 保阪正康 中西輝政
戸髙一成 福田和也 加藤陽子

発行者　大　松　芳　男

発行所　株式会社　文　藝　春　秋

〒102-8008　東京都千代田区紀尾井町3-23
電話 (03) 3265-1211 (代表)

印刷所　理　想　社
付物印刷　大日本印刷
製本所　大　口　製　本

定価はカバーに表示してあります。
万一、落丁・乱丁の場合は小社製作部宛お送り下さい。
送料小社負担でお取替え致します。

ISBN4-16-660510-0

文春新書

◆日本の歴史

渋沢家三代 佐野眞一
古墳とヤマト政権 白石太一郎
昭和史の論点 坂本多加雄・秦郁彦・半藤一利・保阪正康
謎の大王 継体天皇 水谷千秋
謎の豪族 蘇我氏 水谷千秋
謎の渡来人 秦氏 水谷千秋
継体天皇と朝鮮半島の謎 水谷千秋
大名の日本地図 中嶋繁雄
決定版 日本の剣豪 中嶋繁雄
あの戦争になぜ負けたのか 半藤一利・保阪正康・中西輝政・戸高一成・福田和也・加藤陽子
日本のいちばん長い夏 半藤一利編
昭和陸海軍の失敗 半藤一利・秦郁彦・平間洋一・保阪正康・黒野耐・戸高一成・戸部良一・福田和也
昭和の名将と愚将 半藤一利・保阪正康
徹底検証 日清・日露戦争 半藤一利・秦郁彦・原剛・松本健一・戸高一成
日本型リーダーはなぜ失敗するのか 半藤一利
「昭和天皇実録」の謎を解く 半藤一利・保阪正康・御厨貴・磯田道史

大人のための昭和史入門 半藤一利・船橋洋一・出口治明・水野和夫・佐藤優・保阪正康他
21世紀の戦争論 半藤一利・佐藤優
なぜ必敗の戦争を始めたのか 半藤一利
十七歳の硫黄島 秋草鶴次
山県有朋 伊藤之雄
指揮官の決断 早坂隆
永田鉄山 昭和陸軍「運命の男」 早坂隆
ペリリュー玉砕 早坂隆
硫黄島 栗林中将の最期 梯久美子
日本人の誇り 藤原正彦
天皇陵の謎 矢澤高太郎
児玉誉士夫 巨魁の昭和史 有馬哲夫
伊勢神宮と天皇の謎 武澤秀一
藤原道長の権力と欲望 倉本一宏
江戸の貧民 塩見鮮一郎
戦後の貧民 塩見鮮一郎
日本軍はなぜ満洲大油田を発見できなかったのか 岩瀬昇
予言者 梅棹忠夫 東谷暁

火山で読み解く古事記の謎 蒲池明弘
邪馬台国は「朱の王国」だった 蒲池明弘
「馬」が動かした日本史 蒲池明弘
文部省の研究 辻田真佐憲
古関裕而の昭和史 辻田真佐憲
写真で見る日めくり日米開戦・終戦 共同通信編集委員室
暴かれた伊達政宗「幕府転覆計画」 大泉光一
大日本史 山内昌之・佐藤優
日本史のツボ 本郷和人
承久の乱 本郷和人
権力の日本史 本郷和人
元号 所功・久禮旦雄・吉野健一
歴史の余白 浅見雅男
明治天皇はシャンパンがお好き 浅見雅男
皇位継承 高橋紘・所功
江戸のいちばん長い日 安藤優一郎
江戸の不動産 安藤優一郎
西郷隆盛と西南戦争を歩く 正亀賢司

姫君たちの明治維新　岩尾光代
日本史の新常識　文藝春秋編
日本プラモデル六〇年史　小林 昇
仏教抹殺　鵜飼秀徳
昭和天皇 最後の侍従日記　小林 忍＋共同通信取材班
令和を生きるための昭和史入門　保阪正康
内閣調査室秘録　志垣民郎 岸 俊光編
木戸幸一　川田 稔
「京都」の誕生　桃崎有一郎
皇国史観　片山杜秀
昭和史がわかるブックガイド　文春新書編
遊王 徳川家斉　岡崎守恭
東條英機　一ノ瀬俊也
信長 空白の百三十日　木下昌輝
感染症の日本史　磯田道史
平安朝の事件簿　繁田信一

◆文学・ことば

翻訳夜話　村上春樹 柴田元幸
翻訳夜話2 サリンジャー戦記　村上春樹 柴田元幸
漢字と日本人　高島俊男
語源でわかった！英単語記憶術　山並陞一
すごい言葉　晴山陽一
危うし！小学校英語　鳥飼玖美子
外交官の「うな重方式」英語勉強法　多賀敏行
名文どろぼう　竹内政明
「編集手帳」の文章術　竹内政明
ビブリオバトル　谷口忠大
新・百人一首　岡井 隆・馬場あき子・永田和宏・穂村 弘選
劇団四季メソッド「美しい日本語の話し方」　浅利慶太
芥川賞の謎を解く　鵜飼哲夫
司馬遼太郎に日本人を学ぶ　森 史朗
週刊誌記者 近松門左衛門　鳥越文蔵監修 小野幸恵
昭和のことば　鴨下信一
ビジネスエリートの新論語　司馬遼太郎
オッペケペー節と明治　永嶺重敏
世界はジョークで出来ている　早坂 隆
一切なりゆき　樹木希林
天才の思考　鈴木敏夫
いま、幸せかい？　滝口悠生選
英語で味わう万葉集　ピーター・J・マクミラン
歎異抄 救いのことば　釈 徹宗